ホリエモンとエキスパートが
セキュリティ対策の最前線に迫る

どうしたら
サイバー攻撃から
企業を守れるのか

堀江 貴文
小林 智彦

発行：ダイヤモンド・ビジネス企画　発売：ダイヤモンド社

はじめに

昨今、大手企業へのサイバー攻撃によりサービスが長期間利用不可になったり、個人情報が流出したりといった事件が毎日のように世の中を賑わせています。本来、セキュリティの意識が高い大企業がこのように被害に遭ってしまうのは何故でしょうか。

近年、世界は急速な変化を遂げています。生成ＡＩ（人工知能）の驚くべき進化、ＤＸ（デジタルトランスフォーメーション）の加速、国際紛争の増加など、わずか2、3年で以前とはまったく異なる状況が生まれています。ところが、こうした変化の中で、サイバーセキュリティに対する意識や対策は過去数年間ほとんど変わっていないように感じられます。

最近のマスメディアでも、生成ＡＩの目覚ましい進化について触れていないところはありません。ChatGPT-4[*1]、ＯｐｅｎＡＩのＳｏｒａ[*2]、ディープフェイクなど、ＡＩの話題には事欠きませんし、ＡＩシステム用のＧＰＵ[*3]を手掛ける半導体メーカーのＮＶＩＤＩＡ[*4]は、時価総額で世界トップに上り詰めました。（２０２４年６月）。こうしたＡＩ技術の発展とサイバーセキュリティは表裏一体の関係にあるといえます。

ＡＩの高度化に伴いサイバー攻撃も複雑化しており、新たな脅威が生まれている一方でセキュリティ対策にもＡＩを活用することで能力を向上させ、より効果的な防御を可能にしています。

今やこのような最新のテクノロジーの普及と共に、従来のセキュリティ対策だけではなく、最新のテクノロジーを利用した防御策やヒューマンエラーへの対策が求められる時代になっています。

一方で、国際紛争の増加によりサイバーセキュリティの重要性が増しています。実は、現代の紛争の多くはサイバー空間から始まっているのです。ロシアとウクライナの戦争でもサイバー攻撃によって相手の情報を分断するだけでなく、重要拠点を破壊することまで可能になっていますし、イスラエルを中心とした中東の紛争に関してもサイバー攻撃が多用されております。

また、情報が非常に価値を持つ現在の世の中では、中国とアメリカの間で話題になっているＴｉｋＴｏｋの規制問題は、あらゆるビジネスに国防の観点からサイバーセキュリティの重要性が増している象徴的な出来事ともいえるでしょう。

日本政府においては、２０２４年６月７日に「能動的サイバー防御」の導入に向けた有識者会議を開催し、サイバーセキュリティの向上に取り組み始めています。また、岸田文雄総理大臣（当時）は、サイバー対応能力の向上が急務であると述べ、河野太郎デジタル大臣（当時）に早期の法案取りまとめを指示しました。（※）「能動的サイバー防御」では、攻撃元と疑われるサーバーの検知や、攻撃前の無力化などが想定されています。今後の検討では、防御措置の在り方や、「通信の秘密」との整合性が論点となります。

※ＮＨＫ『能動的サイバー防御〝早期に法案を〟首相がデジタル相に指示』（https://www3.nhk.or.jp/news/html/20240607/k10014473511000.html）

こうした状況の中、私たちはビジネスの最先端を走り続けている実業家の堀江貴文（ホリエモン）さんと共に、最新のテクノロジーがもたらすサイバーセキュリティへの影響や対策について語り合いました。

本書には、サイバーセキュリティ対策を事業成長に繋げるためのヒントがちりばめられていると自負しています。日本企業が世界で活躍するためには、サイバーセキュリティは欠かせない要素です。

＊1　ＯｐｅｎＡＩ＝人工知能の開発を行っているアメリカの企業。対話型生成ＡＩのChatGPTが代表的なサービス。
＊2　Ｓｏｒａ＝ＯｐｅｎＡＩが開発中の動画生成ＡＩモデル。
＊3　ＧＰＵ（Graphics Processing Unit）＝画像処理半導体。リアルタイム画像処理に必要な演算処理を行う半導体チップ。
＊4　ＮＶＩＤＩＡ＝アメリカの大手半導体メーカーで、主にＧＰＵを開発している。

サイバーセキュリティ事業を展開する私たち株式会社アクトは、スタートアップへの投資なども含め、日本企業のグローバルな活躍を後押ししたいと考えています。

私たちは、選挙システムや寄付金システムの開発に携わるなど、個人情報の取り扱いに豊富な経験を持っています。また、ハードウエアやネットワークも含めた総合的なサポートが可能です。さらに、イスラエルのセキュリティ企業とのアライアンスを組むなど、国際的に高い評価を得ている製品群を提供しています。特に、アメリカでＩＰＯ[*5]を果たした最大手セキュリティ企業であるSentinelOneとのパートナーシップは、当社の技術力の高さを示す一例といえるでしょう。

本書を通じて、皆さまがサイバーセキュリティの重要性を再認識し、事業成長に繋げるためのヒントを得ていただければ幸いです。私たちは、日本企業のグローバルな活躍を全力で支援してまいります。

＊本書は第1章から第5章までを堀江貴文氏が担当、第6章以降を小林智彦が執筆を担当した

株式会社アクト　代表取締役　ＣＥＯ　小林智彦

＊5　ＩＰＯ（Initial Public Offering）＝新規公開株式。

目次

第1章 ホリエモンならネット犯罪にどう対処する？

サイバーセキュリティと新技術で各社の姿勢に差

サイバーセキュリティといえば、近年個人を対象とした詐欺が急増していることが問題視されています。特にメタ社（旧Facebook）のプラットフォーム上では、悪質な広告が横行しているようです。

これらの広告は通常の広告と比べて約10倍の単価で入札されているとのことですから、明らかに詐欺であるにも拘らず、メタ社はそれを放置しているという状況なのでしょう。このような詐欺広告は、個人情報の不正取得やフィッシング詐欺、偽のオンラインショップでの商品購入など、様々な被害を引き起こしています。

実際に、メタ社のプラットフォームを通じた詐欺被害は年々増加傾向にあり、多くのユーザーが被害に遭っているのが実情です。

こうした問題が起きる背景には、メタ社の企業文化が深く関係しているのではないかと思っています。創業者のマーク・ザッカーバーグ氏は、学生時代に寮のデータベースから無断でデータを引っ張ってきて、女子学生の容姿を品評するサイトを作ったことがあります。

そこから始まったメタ社は、儲かって面白ければ何でもありという企業文化を脈々と受け継いでいるのですね。このような企業文化が、ユーザーのプライバシーや安全性よりも利益を優先する姿勢に繋がっているのかもしれません。実際、メタ社は過去にもユーザーデータの不正利用や流出などの問題を起こしており、その度に批判を浴びてきました。

一方、グーグルを見てみるとずいぶんと様子が異なってきます。同社では創業当初から「Don't Be Evil（悪魔になるな）」という標語を掲げてきたのです。いくら儲かったとしても、悪事に手を染めてはいけないという考えのもと、そうした理念に共感する人材が集まってきたのでしょうね。

このような企業文化の違いが、両社の対応の差となって表れているように感じます。グーグルは、ユーザーのプライバシー保護や安全性確保に積極的に取り組んでおり、不正なコンテンツや広告の排除にも力を入れています。もちろん、グーグルも完璧ではありませんが、少なくともユーザーを守ろうとする姿勢は評価できると思うのです。

ところで、メタ社といえばメタバースが話題になっていますが、意外にもそこそこうまくいっているようですよ。ヘッドセット「Meta Quest」の販売台数は、ソニーの「PlayStation VR」とそれほど変わらないとのこと。

メタバースへの注力もメタ社の株価の堅調さを支えている要因の一つといえるかもしれません。ただ、メタバースはまだ発展途上の技術であり、様々な課題も指摘されています。例えば、長時間の使用による健康被害や、仮想空間での犯罪やハラスメントなどです。メタ社は、こうした課題にもしっかりと対応していく必要があるでしょうね。

一方、アップルからも高価格帯のVRヘッドセット[*6]が発売され、私（堀江）も購入しましたが、日本での使用にはそれが電波法に適合しているかどうかを証明する技術基準適合証明（技適）の特別申請が必要だそうです。無線機能を使用するため、無線法違反に当たる可能性があるためですね。実質的には問題ないとは思いますが、違法行為は避けるべきでしょう。

こうした法規制への対応も、企業にとって重要な課題の一つです。特に、グローバルに事業を展開する企業は、各国の法律や規制に適切に対応していく必要があります。

このように見てみると、サイバーセキュリティや新技術への対応において、各社の企業文化や法規制への姿勢の違いが浮き彫りになっているように感じます。今後、各企業がこうした問題にどのように向き合っていくのか、注目していきたいところです。

技術の発展と共に、新たな課題も次々と生まれてくるでしょう。企業には、利益追求だけでなく、社会的責任も求められます。ユーザーの信頼を得るためにも、企業は高い倫理観を持ち、適切な対応を行っていく必要があるでしょうね。

ハードウエア覇権争いに各社が乗り出す

メタ社の広告プラットフォームに関して、個人を騙す広告が問題視されている話ですが、企業を対象とした詐欺はあまり見られないようです。これは、企業向けの広告では、より厳格な審査プロセスが適用されているためかもしれません。また、企業は個人よりもデジタルリテラシーが高く、詐欺に引っかかりにくいという側面もあるでしょう。しかし、企業を狙った巧妙な詐欺も存在するため、油断は禁物です。

一方で、メタ社のＶＲプラットフォームは意外とそれなりの市場規模になってきており、純

＊6　ＶＲ（Virtual Reality）＝仮想現実。仮想空間を現実のように体験できる技術。

粋な3DVRゲームの世界ではシェアを伸ばしています。VR技術の進歩により、より没入感の高いゲーム体験が可能になったことが、市場拡大の要因の一つだと思われます。また、パンデミックの影響で外出が制限され、自宅で楽しめるエンターテインメントとしてVRが注目を集めたことも、追い風になったのかもしれません。といっても、まだ会社の柱になるほどではありません。VRはニッチな市場ですから、普及にはまだ時間がかかりそうです。[*7]

このようにハードウエアの覇権を握ることは非常に重要ですが、簡単にできることではありません。とはいえ、アップルのようにハードウエアを作らないと、結局アップルに持っていかれてしまうという危機感があるのでしょう。アップルは、iPhoneやMacなどの独自ハードウエアを軸に、ソフトウエアやサービスを展開することで、強固なエコシステムを構築してきていますからね。他社がハードウエアで区別化できなければ、アップルの優位性は揺るがないかもしれません。

意外に多くの人がVRヘッドセットを持っていて、アマゾンですらFire TV Stickというハードを普及させています。VRヘッドセットは、ゲームだけでなく、映画やライブ配信など、様々なコンテンツを楽しむためのデバイスとしても使われ始めています。一方、アマゾンのFire TV Stickは、テレビをスマート化するための安価で手軽なデバイスとして人気を博しています。こうした多様なデバイスが普及することで、ユーザーの選択肢が広がり、新たな体験が生まれているのです。

モバイル端末に関しては、アップルがうまくいっていますが、グーグルのＰｉｘｅｌ[*8]も健闘していますね。Ｐｉｘｅｌは、グーグルのＡＩ技術を活用したカメラ機能などで評価されています。また、純粋なAndroid体験を提供するため、シンプルで使いやすいのが特徴です。ただ、販売台数はｉＰｈｏｎｅに及ばないのが現状です。一方、アマゾンのモバイルはあまり成功していませんね。それでもFire TV Stickは結構うまくいっています。アマゾンは、モバイルよりもテレビ向けデバイスに注力することで、独自の立ち位置を確立しつつあるのかもしれません。

最近私は、スマートグラスも使っています。ＸＲＥＡＬ[*9]というスマートグラスが非常に良くて、アップルのVision Proが「３Ｄ表現が中心となるコンピューティングの形態」だという空間コンピューティングに近いものがあります。画面を暗くできたり透過したりと、使い勝手がとても良いですね。専用のＢｅａｍ端末もできており、画面ミラーリングすればｉＰｈｏｎｅでも使えるようになりました。スマートグラスは、ＡＲ[*10]やＶＲの要素を取り入れながら、日

＊7　３ＤＶＲ＝立体的な空間とＶＲ技術を組み合わせて、まるでその場にいるような感覚を与える技術。
＊8　Ｐｉｘｅｌ＝googleが提供するAndroidスマートフォン。
＊9　ＸＲＥＡＬ＝急成長のＡＲ（拡張現実）企業で、商品名。
＊10　ＡＲ（Augmented Reality）＝拡張現実。現実世界を立体的に読み取り、仮想的に拡張する技術。

常的に使えるデバイスを目指しています。没入感を追求するＶＲとは異なり、現実世界とデジタル情報を融合させる体験を提供しているのです。まだ発展途上の技術ですが、将来的には様々な場面で活用されるようになるかもしれません。

ＸＲＥＡＬのようなスマートグラスは、エンターテインメントだけでなく、ビジネスや教育など幅広い分野での活用が期待されます。例えば、修理や組み立てのような作業において、手順をスマートグラスに表示させることで、作業効率を上げることができるでしょう。また、遠隔地とのコミュニケーションにおいても、スマートグラスを介して臨場感のあるやり取りが可能になりますよね。

ただし、スマートグラスの普及には、技術的な課題だけでなく、社会的な課題もあります。プライバシーへの懸念や、長時間の使用による健康への影響など、様々な問題が指摘されています。こうした課題をクリアしていくことが、スマートグラスの普及に向けた鍵となるでしょう。

このように、ＶＲやスマートグラスなどの新技術が進歩しており、各社がハードウエアの覇権をめざして競争しています。一方で、メタ社の広告プラットフォームのように、倫理的な問題も浮上しています。技術の発展と共に、こうした課題にどう向き合っていくかが問われています。

新たな技術は、常に光と影の両面を持っています。利便性や体験の向上という光の部分を追求しつつ、影の側面にも目を向ける必要があるでしょう。企業には、技術を倫理的に活用していくことが求められます。同時に、ユーザー側にも、新技術を適切に使いこなすリテラシーが必要となります。

技術の進歩は止められません。重要なのは、その技術をどのように活用していくかです。企業とユーザーが協力し、倫理的で持続可能な形で技術を発展させていく。そんな未来に向けて、私たちは今、一歩一歩進んでいるのかもしれません。

ホリエモンが注目した水原一平のやりくち

VRやARの世界はおいておくとして、セキュリティとは結局のところ、ソーシャルエンジニアリングも含めたすべてを含む概念だと考えています。ソーシャルエンジニアリングとは、人間の心理的な隙や行動のミスにつけ込んで、個人の秘密情報を不正に入手するなどの手口のことです。

実際、企業の社員など、私が騙そうと思えば簡単に騙せてしまうような人が多くいますね。情報部門の人も含めてそう思います。もし仮に、私が攻撃者側の立場だったら、どのように騙すアプローチをすると思いますか？

金銭絡みの話であれば、金持ちと仲良くなるのが一番でしょうね。富裕層と親密な関係を築き、そこからつけ込んでいくわけです。ちょうど水原一平さんのようなやり方ですね。水原さんはＭＬＢの大谷翔平選手の専属通訳として活動していましたが、大谷選手の銀行口座から大金を送金してブックメーカーでの賭博に使ったとして世間の注目を浴びました。

彼が、カリフォルニア州ではなく、賭博が合法のアリゾナ州でやっていればおそらく見つからなかったのではないでしょうか。ＦＢＩ[*11]がブックメーカーを捜査していたから発覚したのだと思います。賭博が合法の州もあるので、まさかそこから発覚するとは本人も思っていなかったのかもしれません。

もっとも、詐欺や横領をするような人には、遵法意識[*12]があるとは思えません。他人の銀行口座のお金を勝手に使うなんて、普通は考えられないですよね。とても大胆な行為です。でも実際、私たちの身近にも闇スロットや賭け麻雀、賭けポーカー、野球賭博などをやっている人は少なくありません。私はこの手の話にはとても警戒していますので、このような賭け事をしているような人には近づかないようにしています。

彼は遵法意識も低かったのでしょう。たまたま今回は足がついて発覚しましたが、もし合法の州で同じことをしていたら、大谷選手の口座からさらに50億円、１００億円と使い込んでいたかもしれません。

　ましてやプロの詐欺師たちのターゲットとしては、お金に興味がない金持ちがいちばん騙しやすいのではないでしょうか。水原さんに関しては、彼が最初からそういう性質の人間だったのか、それとも巨額の金に目がくらんで狂ってしまったのかはわかりませんが。

　一方、ネット上のハッキングなどは、むしろ足がつきやすいので、あまりコスパは良くないかもしれません。オフラインを挟んだ方が足はつきにくいでしょう。例えば、実業家の前澤友作さんのお金配りを利用した詐欺がありました。当選したふりをして被害者に振り込みをさせ、後から「手違いでした、手数料を払うので返金を」などと言ってほかで騙し取ったお金を洗浄する手口です。

　オレオレ詐欺などで使われる出し子と呼ばれる存在も同様ですね。振り込まれたお金を直接胴元に送ると足がつくので、一旦別の口座に送らせるわけです。前澤さんのお金配りに応募してくる人は、割と情報弱者が多そうですので、そういった人を狙うのは確かに効率が良さそうです。前澤さんのリストは特殊詐欺グループにとっては、とても魅力的なはずです。もしかしたら、すでに前澤さんチームの内部にスパイが送り込まれているかもしれません。

＊11　ＦＢＩ（Federal Bureau of Investigation）＝アメリカの連邦捜査局。
＊12　遵法意識＝法律に則り、法を侵すことはしないという意識、考え方。

送り込む人を探すのは簡単です。借金などで金に困っているのに、学歴だけはキラキラしているような人を見つけて、チームに潜入させ、高額の報酬を餌にリストを抜かせる。そんな感じでやっている可能性は十分にあると思いますよ。

最近の悪い人たちは、少しでも頭が良ければ強盗などのようにリスクが高過ぎることはしないでしょう。捕まったときのダメージが大きいですからね。そうではなく、最悪捕まったとしても比較的軽い罪で済みそうな、効率的な方法を選ぶはずです。

正常性バイアスに注意、うまい話に飛びつく心理が詐欺を招く

また、LINEを悪用した詐欺の手口も巧妙化しており、特に高齢者などを狙った事例が増えています。

まず、家族や友人を装ってプリペイドカードやウェブマネーの購入を求めるメッセージを送りつける手口がありますね。これは、実際には詐欺師が送信しているもので、カードを購入してコードを伝えてしまうと、そのコードを使って詐欺師が金銭を得るというものです。LINEは若者だけでなく、高齢者にも広く利用されているため、こうした詐欺の標的になりやすいのです。また、家族や友人を装った巧妙なメッセージに騙されてしまう高齢者が多いのも事実

です。

さらに、最近では、「なりすまし」と呼ばれる手口も増えています。これは、実在する企業や団体、有名人などを装い、その信用を利用して詐欺を行うものです。例えば、「あなたのアカウントが乗っ取られました」といったメッセージを送り、偽のログインページに誘導して個人情報を盗み取ったり、「○○キャンペーンに当選しました」と偽の当選メールを送り、手数料などの名目で金銭を騙し取ったりする手口があります。

また、最近ではAI技術の発達により、声や動画を用いた巧妙な詐欺も増えています。例えば、私（堀江）の声に似せてリップシンクさせた動画を作成し、それを見せることで信用させるといった手口も出てきていますよね。文字よりも動画や声の方が信憑性が高く感じられるため、こうした手口に騙されやすいのかもしれません。AI技術を悪用することで、より巧妙で信憑性の高い詐欺が可能になってきているのです。

このような詐欺に遭った人の中には、「堀江さんが私のためにやってくれている」と信じ込んでしまう人もいるみたいです。これは正常性バイアスと呼ばれる心理的な傾向で、自分を中心に物事を判断してしまうがゆえに、うまい話に飛びついてしまうという心理なのでしょうか。冷静に考えれば「なぜ、堀江さんがわざわざ他人のために儲かる方法を教えてくれるのか」と疑問に思うはずですが、都合の良い話を信じたいがために、その疑問を自ら打ち消してしまうのでしょう。詐欺師は、こうした人間の心理的な弱みを巧みに突いてくるのです。

また、顧客情報を悪用するケースも考えられます。例えば、多くの視聴者が利用するテレビショッピングの顧客リストには高齢者が多く含まれていると思われますが、そうしたリストが内部の人間によって流出し、詐欺に利用されるリスクも考えられます。顧客情報を管理する立場の人物に対してハニートラップを仕掛けるなどして、データを入手する手口も考えられるでしょう。実際に、過去には大手企業の顧客情報が流出し、詐欺に利用された事例もあります。

しかも巧妙なことに、犯行グループ内では情報を分断することで、捜査されるリスクを減らすことも行われているようです。例えば、ダークウェブ（※）上で顧客リストを売買し、リストを入手した別のグループが実際の詐欺行為をすることで、リストの流出元との関連性を断つといった手口です。こうした分業化により、警察の捜査を困難にさせているのです。

※ ダークウェブは特殊なソフトウエアを使用することでアクセス可能となるインターネット上の領域のことです。通常の検索エンジンでは見つけられず、匿名性が高いため、違法物品や個人情報の取引などに利用されることがあります。しかし、その使用は犯罪に繋がる可能性があるため、注意が必要です。

加えて、国境を超えた犯行も増えています。例えば、日本語の巧みな犯行グループが、日本人をターゲットに詐欺を行うといったケースです。こうしたグループには、日本国内の捜査の手が及びにくく、摘発が難しいのが実情です。国際的な捜査協力体制の強化が求められますね。

また、ＳＮＳやメッセージアプリの普及により、若者も詐欺の被害に遭いやすくなっています。例えば、投資話や副業の勧誘を装った詐欺が横行していますよね。「簡単に稼げる」といった甘い言葉に惑わされ、高額な投資セミナーに申し込んだり、怪しいアプリをインストールさせられたりする被害が後を絶ちません。

ＳＮＳ上の広告にも注意が必要です。例えば、「1日5分のアンケートで月収50万円！」といった、あまりにもうま過ぎる広告は詐欺の可能性が高いでしょう。また、芸能人や有名人の画像を無断で使用した悪質な広告にも注意が必要です。

このように、オンラインを利用した詐欺は非常に巧妙化しており、特に高齢者などの弱者を狙った悪質な事例が後を絶ちません。今後はＡＩの発達により、さらに手口が巧妙になることも予想されます。私たち一人ひとりが詐欺の手口を理解し、不審なメッセージやサイトに惑わされないよう注意することが大切でしょう。

同時に、企業や団体においても、セキュリティ対策の強化や、従業員教育の徹底が求められるのではないでしょうか。特に、顧客情報を扱う部署では、厳格なアクセス管理や、定期的なセキュリティ監査が不可欠でしょう。また、国際的な捜査協力体制の強化や、法整備など、社会全体で詐欺撲滅に向けた取り組みが必要です。

ＩＴ技術の発展は、利便性の向上をもたらす一方で、新たな犯罪の温床にもなり得ます。技術の光と影の部分を理解し、適切に対処していくことが、私たち一人ひとりに求められているのではないでしょうか。

ネット犯罪の巧妙化とAIを活用した不正取引検出システムの導入

近年、インターネット上のサービスが増加するにつれ、利用者はIDやパスワードの管理に頭を悩ませているのではありませんか？　それで多くの人は同じパスワードを使い回しがちです。iPhoneなどのデバイスでは、同じIDとパスワードを使用することの危険性を警告するメッセージが表示されるようになりました。パスワードの使い回しは、一つのサービスで情報漏洩が起きた際に、他のサービスでも不正アクセスを受ける危険性があるため、非常にリスクが高いですよね。

また、面倒ですが、パスワードを定期的に変更することも重要です。同じパスワードを長期間使用していると、その間に流出したり、解析されたりする可能性が高くなります。しかし、多くのサービスを利用していると、パスワードの管理が煩雑になり、定期的な変更が難しくなってしまうのが実情でしょう。

こうした中、パスワード管理ツールの利用が推奨されています。パスワード管理ツールを使えば、複雑で推測されにくいパスワードを自動生成し、安全に保管することができます。利用者は、マスターパスワードを覚えておくだけで、各サービスのパスワードを管理できるようになります。

生体認証技術の発展により、機種変更時の引き継ぎも簡単になってきています。また、二段階認証の導入が進んだことで、個人情報の不正取得は以前よりも難しくなりました。二段階認証とは、パスワードに加えて別の方法（例えばＳＭＳ[*13]で送られるコード）でユーザーの身元を確認するセキュリティ手段です。これにより、アカウントの保護が強化されます。

実際、ネット上で金銭的な被害に遭ったという経験がある人は少なくなっているのではないでしょうか。生体認証は、指紋や顔、虹彩などの身体的特徴を用いて本人確認を行う技術です。パスワードのように覚える必要がなく、なりすましが難しいのが特徴です。

二段階認証は、パスワードに加えて、別の認証方法を組み合わせることで、セキュリティを強化する手法です。例えば、パスワードに加えて、登録した電話番号に送信された確認コードを入力する方式などがあります。仮に、パスワードが流出しても、二段階目の認証をクリアできなければ、不正アクセスを防ぐことができるのです。

＊13　ＳＭＳ（Short Message Service）＝ショートメッセージサービス。

クレジットカードのネットワークでは、ＡＩを活用して不正な取引を検出するシステムが導入されています。例えば、海外でカードが不正利用された場合、即座に通報が来て、取引がブロックされるようになっています。このような手法はクレジットカード以外でも採用され始めています。例えばNetflixのアカウントが不正にアクセスされた場合も、プラットフォームからの連絡ですぐに対処できるようになっています。こうしたＡＩによる不正検知システムは、利用者の行動パターンを学習し、普段とは異なる不審な取引を発見することができます。

また、カード会社では、利用者に対して、不正利用への補償を手厚くすることで、安心して利用できる環境を整備しています。万が一、不正利用された場合でも、利用者が責任を負わされることはありません。こうした補償制度があることで、利用者はより安心してクレジットカードを使うことができるのです。

このように、ＩＤやパスワードの盗難によるアカウントのハッキングは、トランザクションの監視などによって減少傾向にあります。しかし、次の世代の脅威として、人間の心理的な弱点を突くような手口が登場してきています。

例えば、フィッシング詐欺と呼ばれる手口があります。これは、金融機関やサービス提供者を装ったメールを送信し、偽のログインページに誘導することで、ＩＤやパスワードを盗み取る手口です。メールの文面や偽のログインページは、本物と見分けがつかないほど巧妙に作られています。

また、ランサムウエアと呼ばれる手口も深刻な脅威となっています。これは、コンピュータウイルスの一種で、感染すると、ファイルが暗号化されて使用できなくなります。そして、身代金を支払わないと、ファイルを復号化できないと脅迫されるのです。身代金の要求には、匿名性の高い暗号資産が用いられることが多く、犯人の特定が難しいのが特徴ですね。

システム側では、二段階認証や生体認証などの管理体制が整っていますが、人間を騙すような手口への対策は難しい面があります。例えば、メタ社の詐欺広告への対策としては、プラットフォーマーによる自主規制や、端末のOS[*14]上での警告表示などが考えられます。しかし、詐欺師は常に新しい手口を編み出しており、完全な対策を講じることは困難です。

また、企業に属する人物に対しては、経理担当者であることを利用した脅迫が行われることもあるようです。例えば、ギャンブルなどで借金を抱えた従業員が、払えない場合は会社の口座から振り込むよう要求されるなど、巧妙な手口が用いられています。こうした場合、個人の問題が企業の問題に発展する危険性があります。

反社会的勢力などの犯罪組織は法を犯すことを前提としていますが、最近では足がつかない

＊14　OS（Operating System）＝基本ソフトウエア。

ようにワンクッションやツークッションを噛ませるなど、巧妙な手口を用いているようです。例えば、別の企業を介して取引を行ったり、海外のペーパーカンパニーを利用したりすることで関与を隠蔽しようとします。

また、暗号資産（仮想通貨）がダークウェブ上で取引されるなど、闇の世界でも活用されています。暗号資産（仮想通貨）は、取引の匿名性が高く、追跡が難しいため、違法な取引に利用されやすいのですね。こうした闇の取引は、法規制が及びにくく、撲滅が難しいのが実情です。

このように、インターネット上の脅威は常に変化し、巧妙化しています。技術的な対策だけでなく、人間の心理的な弱点を突く手口への対策も重要になってくるでしょう。利用者一人ひとりが注意を怠らず、適切な対策を講じることが求められます。

同時に、企業や組織においても、セキュリティ意識の向上が不可欠です。従業員教育を徹底し、不審なメールやサイトへのアクセスを控えるよう呼びかけることが重要です。また、万が一、攻撃を受けた場合に備えて、バックアップの取得やインシデント対応体制の整備も欠かせません。

さらに、法規制の整備や国際的な協力体制の構築など、社会全体で取り組むべき課題も多くあります。サイバー空間における脅威は、一国だけでは対処しきれません。各国が連携し、情報を共有しながら、対策を講じていく必要があるでしょう。

インターネットは、利便性と危険性を併せ持つ諸刃《もろは》の剣です。その特性を理解し、適切に付き合っていくことが、私たち一人ひとりに求められています。技術の進歩に頼るだけでなく、人間の心理的な側面にも目を向けながら、多角的な対策を講じていくことが重要ではないでしょうか。

第2章 ホリエモンなら宇宙時代のセキュリティをこう見る

宇宙開発が変えるインターネットの未来とセキュリティの課題

私はインターステラテクノロジズという宇宙スタートアップに出資することで宇宙ビジネスにも関わっています。そこで宇宙開発の面からセキュリティを見てみましょう。

宇宙開発が進むことで、地球上のインターネット環境やセキュリティの在り方が大きく変わる可能性があります。宇宙から地球を監視することで得られるセキュリティデータの活用や、グローバル規模のメガキャリアの出現など、新たな視点でのセキュリティ対策が必要になるかもしれません。しかし物理レイヤーに宇宙が加わることで、通信の形態が衛星経由になったとしても、セキュリティの基本的な考え方は変わらないでしょう。

宇宙開発がもたらす変化の一つは、通信インフラの大幅な改善です。現在、インターネットは主に地上の通信ケーブルや携帯電話の基地局を経由して接続されていますが、これらのインフラは地理的な制約を受けやすく、カバーできるエリアが限られています。しかし、宇宙空間に衛星を配置することで、地上のインフラが届かない場所でもインターネット接続が可能になります。

特に、イーロン・マスク氏が推進するStarlink構想では、大量の衛星を打ち上げ、光通信でメッシュ状のネットワークを構築することが計画されています。現在のStarlinkは、地上のアンテナを経由してインターネットに接続していますが、将来的には衛星間の光通信が完成すれば、地上局の必要性が大幅に減少します。これにより、世界中のどこでもインターネットに接続できるようになるでしょう。

Starlinkのような衛星ネットワークが実現すれば、通信の速度や安定性が向上するだけでなく、地上のインフラが被災した際のバックアップ回線としても機能します。大規模な自然災害や戦争などで地上の通信が途絶えた場合でも、衛星経由の通信が可能になるのです。これは、災害時の救援活動や情報伝達において、大きな意味を持つでしょう。

また、衛星ネットワークは、IoT[*15]デバイスの普及にも大きな影響を与えると考えられま

*15 IoT（Internet of Things）＝モノのインターネット。

す。現在、ＩｏＴデバイスは主に地上の通信ネットワークに依存していますが、衛星ネットワークを利用することで、より広範囲で安定的な接続が可能になります。これにより、農業や環境モニタリング、物流など、様々な分野でのＩｏＴ活用が加速するでしょう。

一方で、宇宙からの監視能力の向上は、セキュリティ上の新たな課題を生み出す可能性があります。高解像度の衛星画像とＡＩによる解析により、地上のオブジェクトや人物の特定が容易になるかもしれません。プライバシーの保護と、セキュリティ強化のバランスを取ることが重要になってくるでしょう。

衛星画像の解像度が上がることで、軍事施設や重要インフラの詳細な情報が筒抜けになってしまう恐れがあります。また、個人のプライバシーに関わる情報も、衛星から収集されるようになるかもしれません。例えば、極低軌道を飛ぶ衛星から車のナンバープレートや個人の顔を特定することで、行動パターンを分析されたり、監視されたりする可能性があります。

こうしたリスクに対応するためには、衛星画像の取り扱いに関する法規制の整備が不可欠です。誰がどのような目的で衛星画像を利用できるのか、プライバシー保護のためにはどのような制限が必要なのか、国際的なルール作りが求められます。また、衛星画像の解析に用いられるＡＩについても、透明性や説明責任が求められるでしょう。

また、宇宙インフラを活用したグローバルなメガキャリアが出現すれば、国家の枠を超えた通信ネットワークの構築を可能にします。これは、自然災害や戦争などの緊急時に、特定の地域の通信を遮断したり、監視を強化したりすることができるようになることを意味します。こうした権限を誰がどのように管理するのか、国際的な合意形成が必要になるでしょうね。

国家の枠を超えたメガキャリアが登場することで、通信ネットワークのガバナンスがより複雑になります。例えば、ある国の法律に基づいて、他国の通信を傍受したり、遮断したりすることが可能になるかもしれません。こうした事態を避けるためには、国際的なルールに基づいて、通信ネットワークを管理する必要があります。

また、宇宙インフラを活用した通信ネットワークは、サイバー攻撃のリスクにもさらされます。衛星やその地上局をハッキングされれば、大規模な通信障害が発生する可能性があります。

宇宙インフラのセキュリティを確保するためには、インターネットを介した攻撃に対する防御だけでなく、物理的な防護も重要になってきます。衛星の設計段階から、セキュリティを考慮に入れる必要があるでしょう。また、宇宙空間での軍事活動を制限する国際条約の締結など、各国の協調が不可欠です。

宇宙開発がもたらすインターネット環境の変化は、利便性の向上だけでなく、セキュリティやプライバシーの面でも新たな課題を生み出します。技術の進歩に合わせて、法整備や国際協調、倫理的な議論を深めていくことが求められるようになるでしょう。宇宙時代のセキュリティ対策は、従来の発想を超えた柔軟な対応力が試されることになってきますね。

衛星ネットワークがもたらす恩恵を最大限に活かしつつ、負の側面をいかに最小化するか。それは、技術者だけでなく、政策立案者や市民社会が一丸となって取り組むべき課題です。宇宙開発が進む中で、私たちは地球規模のインターネットガバナンスについて、真剣に議論していく必要があります。

インターネットの発明以来、私たちは情報通信技術の革新によって、大きな恩恵を受けてきました。同時に、セキュリティやプライバシーの問題にも直面してきました。宇宙インターネットの時代も、同じような課題が待ち受けているのかもしれません。

しかし、私たちには過去の経験から学んだ教訓があります。技術の進歩に翻弄されるのではなく、その可能性と限界を見極め、賢明に活用していく。そのためには、オープンな議論と国際的な協調が欠かせません。

宇宙からの監視技術の進歩とプライバシーの保護

衛星技術の急速な発展により、地上の監視カメラに頼らずとも、宇宙から人々の行動を詳細に監視することが可能になりつつあります。高解像度の衛星画像と画像解析技術の進歩により、個人の特定や行動パターンの分析が可能になってきました。さらに、マイクロ波などの特定の波長を利用することで、建物内部の様子も把握できるようになるかもしれません。壁を透過するレーダー技術と組み合わせることで、プライバシーの壁を越えた監視が現実のものとなる可能性があります。

こうした技術の進歩は、犯罪の予防や治安の維持に大きく貢献する一方で、プライバシーの侵害や監視社会の到来を懸念する声も上がっています。衛星監視により得られる膨大なデータを誰がどのように管理するのか、その透明性と説明責任が問われることになるでしょう。また、こうしたデータが悪用された場合、個人の自由が脅かされるリスクもあります。

情報管理については各国で対応が異なっており、日本では厳しい規制が設けられています。警察機関の一部でＡＩを活用した行動分析により、不審者の早期発見に取り組んでいるようですが、大きな広がりは見せていません。

個人情報保護法の改正により、企業に対してより厳格なデータ管理が求められるようになりました。また、自治体においても、防犯カメラの設置に関するガイドラインが策定されるなど、プライバシー保護への取り組みが進められています。

一方、中国では、現政権にとって最大の脅威である大規模な集会を防ぐために、情報統制に力を注いでいるといわれています。顔認識技術を活用した監視カメラの全土への配置や、ＳＮ

Sの検閲強化など、政府による国民への監視が強まっています。アリババの創業者ジャック・マー氏のように、政府との妥協を余儀なくされたと思われる企業経営者もいます。

中国政府は、デジタル技術を活用した社会管理システムの構築を進めています。「社会信用システム（中国語：社会信用体系）」と呼ばれるこの仕組みは、国民の行動を点数化し、その点数に応じて様々な制限を課すものです。点数が低い人は、高速鉄道に乗れなくなったり、子どもを良い学校に入学させられなくなったりする可能性があるというのです。こうした全体主義的な管理手法は、プライバシーや個人の自由を脅かすものとして、国際社会から批判の声が上がっています。

今後、高齢化に伴う労働力不足を補うために、ロボットやＡＩの活用が加速することが予想されます。工場の自動化や自動運転車の普及など、様々な分野でＡＩ技術の導入が進むでしょう。こうした状況下では、ＩｏＴ機器やＡＩ搭載の車両などがハッキングの標的になる可能性があります。サイバー攻撃により、工場のラインが止まったり、自動車が暴走したりする事態も懸念されます。

ＡＩの安全性と信頼性を確保するためには、技術的な対策だけでなく、倫理的な規範作りも重要でしょう。ＡＩに偏見や差別が組み込まれないよう、アルゴリズムの透明性を確保することが求められます。また、ＡＩ意思決定の説明責任を果たすことで、ユーザーからの信頼を得ることも不可欠でしょう。

ただし、国家に対するテロを目的とするサイバー攻撃では、より大きな影響力を持つ手段が選択される可能性が高いと考えられます。サイバー空間が国家間の新たな戦場となる中、各国はサイバー防衛能力の強化に力を注いでいるはずですが、サイバー攻撃を抑止するための国際ルール作りの実効性には課題が残ります。

サイバーテロリズムへの対策としては、情報共有と国際協力が欠かせません。各国の情報機関が連携してテロリストの動向を監視し、その資金源を断つ取り組みが求められます。また、サイバー空間におけるルールや規範を国際的に確立することで、抑止力を高めることも重要です。

宇宙開発と情報技術の進歩は、私たちの生活に大きな変革をもたらしつつあります。衛星監視により安全性が高まる一方で、プライバシーや個人の自由への脅威も高まっています。ＡＩ技術の発展は利便性の向上をもたらす半面、セキュリティリスクも増大させています。

こうした状況下で、利便性と安全性の向上を追求しつつ、プライバシーの保護と個人の自由の確保、そして国家安全保障の観点から適切な規制とバランスを取ることが求められています。技術の発展に伴う新たな課題に対し、国際社会が協調して取り組むことが、より安全で豊かな未来を実現するための鍵となるでしょう。

そのためには、技術者だけでなく、政策立案者や市民社会が一丸となって議論を深めていく必要があります。技術の可能性と限界を見極め、倫理的な価値観に基づいて開発と活用を進めていく。そうした姿勢が、宇宙時代の安全保障を支えていくのではないでしょうか。

ここまでの話から、「宇宙」と「サイバー」、この二つの領域が21世紀の安全保障を大きく左右する可能性が見えてきました。宇宙から見る地球の姿と、サイバー空間から見る社会の姿。その両方を見据えながら、私たちは新たな時代の安全保障を構築していかなければなりません。

それは、技術の進歩に翻弄されるのではなく、人間の英知によって技術を制御していくことを意味します。国際社会が協調し、英知を結集することで、宇宙とサイバー空間という新たなフロンティアを、平和と繁栄の領域として開拓していく。そんな未来を実現するために、私たちにできることは何か。今こそ、真剣に考えるべき時なのかもしれません。

監視カメラの普及が犯罪抑止力に

近年の監視カメラの普及は、間違いなく犯罪の抑止力になっていると思います。デジタル技術の発達により、監視カメラの容量が大幅に増加し、高解像度の映像を長時間記録できるようになりました。また、ＡＩを活用した画像解析技術の進歩により、不審者や不審物の自動検知が可能になるなど、監視カメラの性能は飛躍的に向上しています。

同時に、ドライブレコーダーの設置も一般的になりました。事故やトラブルの際に、客観的な証拠を提供するツールとして、多くのドライバーに利用されています。また、ドライブレコーダーの映像がＳＮＳで共有されることで、危険運転や迷惑行為が晒されるようになり、抑止力として機能している面も出てきました。

今どきは悪いことをすればすぐにＳＮＳで晒されるため、犯罪を抑止する効果があります。いつでもどこでも撮影できるスマートフォンの普及やＳＮＳの普及により、個人が情報発信力を持つようになったことで、市民の監視の目が犯罪抑止に一定の効果を発揮しているのです。実際に、監視カメラの映像やスマートフォンの映像がＳＮＳで拡散され、犯人が特定されるケースも増えています。

しかし、こうした抑止力が十分に機能しない場合もあります。これは私が刑務所にいた時に聞いた話ですが、刑務所で懲役4年～6年程度の男性が、１００人以上を強姦していたにもかかわらず、軽い罪であるため裁判員裁判にならず、被害者も法廷に出る必要がないため、刑期が短くなっているケースがありました。この男性は頭が良く、普通の職業に就いていましたが、小学校5年生の頃から犯罪を繰り返していたそうです。

この事件からは、犯罪者の巧妙さと、司法システムの限界が浮き彫りになります。知的な犯罪者は、監視の目をかいくぐる手口を編み出し、証拠を残さないよう細心の注意を払います。また、軽い罪であるが故に、被害者の声が届きにくいという司法システムの課題も明らかになりました。

監視カメラが設置されていない地域では、犯罪を起こしても足がつきにくいため、抑止力になっていないのが現状です。この男性も、監視カメラが設置されていない地域で犯行を繰り返していました。犯罪者は、監視の目が届かない場所を狙って犯行に及ぶのです。

そのため、ＩｏＴ時代において、自治体は監視カメラを増設すべきでしょう。ソーラーパネルで充電できる監視カメラを安価で作れば、田舎の電柱にも設置することができます。バッテリーや通信機能を内蔵した小型の監視カメラなら、電源や通信ケーブルの敷設が不要になり、設置コストを大幅に削減できるでしょう。

また、宇宙でのブロードバンド通信が実現すれば、さらに監視カメラの設置が容易になるでしょう。イーロン・マスク氏が進めるStarlink構想では、全世界にインターネット接続を提供することをめざしています。こうした衛星通信網を活用することで、地上の通信インフラが届かない場所でも、監視カメラの設置が可能になります。

ただし、監視カメラの増設には、プライバシーの観点から慎重な議論が必要です。公共の場での監視は許容されるべきですが、私的な空間への行き過ぎた監視は制限されるべきでしょう。また、監視カメラで収集された映像データの管理方法や、アクセス権限の設定など、運用面でのルール作りも重要になります。

企業においても、監視カメラの設置とログの取得を公表することで、社員の不正行為を抑止することができます。オフィスへの出入りや、ＰＣの操作ログなどを記録し、モニタリングすることで、内部不正のリスクを減らせるでしょう。また、万が一、不正行為が発生した場合にもログデータを分析することで、原因の特定や再発防止策の立案がしやすくなります。

監視されることを嫌がる社員もいるかもしれませんが、現代社会では避けられない流れですね。プライバシーの保護と、セキュリティの確保のバランスを取ることは重要ですが、会社としては、監視の目的と範囲を明確にし、社員への説明責任を果たす必要があるでしょう。

また、監視カメラとログの存在は、社員の冤罪を防ぐ効果もあります。上司によるパワーハラスメントや、同僚からの嫌がらせなど、職場での不当な扱いを受けた際に、監視カメラの映像やログデータが、被害者の主張を裏付ける証拠になり得ます。セキュリティ対策だけでなく、公正な職場環境の実現にも寄与するのです。

ＩｏＴ時代において、監視カメラとログの活用は、安全で安心な社会の実現に大きく貢献すると期待されます。犯罪の抑止だけでなく、事故の防止や、災害時の状況把握など、様々な場面で威力を発揮するでしょう。

ただし、監視社会に対する懸念も無視できません。個人のプライバシーは、可能な限り守られるべきです。必要最小限の監視にとどめ、データの管理を厳格に行うことが求められます。また、監視技術の悪用を防ぐための法整備や、国際的なルール作りも急務でしょう。監視カメラという「目」と、ログという「記録」。この二つの力を適切に活用することで、私たちは安全と自由のバランスを取ることができるはずです。技術の進歩に伴う新たな課題に対し、社会全体で知恵を出し合い、望ましい方向性を見出していくことが重要ではないでしょうか。

ＩｏＴ時代の安全と安心を実現するためには、技術だけでなく、倫理観や法制度、そして私たち一人ひとりの意識が問われています。監視社会のリスクを最小限に抑えつつ、テクノロジーの恩恵を最大限に活かす。そんな未来を目指して、今、行動を起こすべき時なのかもしれません。

経費の誤魔化しは全企業で蔓延、今すぐ始める対策とは

企業経営において、セキュリティ対策に積極的に取り組む姿勢が重要であることは言うまでもありません。サイバー攻撃や情報漏洩は、企業の信用を大きく損ない、取り返しのつかない

損害を与えかねないからです。また、内部不正による金銭的な被害も、企業の財務基盤を揺るがす深刻な問題です。

しかし、実際には「セキュリティ対策にお金をかけてもトップラインや利益が上がるわけではないしなぁ」と考える経営者が少なくありません。セキュリティ対策は、目に見える形で利益に貢献するわけではないため、コストとしてしか捉えられないのです。こうした考え方を変えるには、具体的な数字を示すことが効果的でしょう。

実は、従業員による不正行為は決して珍しいことではありません。50人以上の企業であれば、半数以上で何らかの横領が行われている可能性があります。また、経費の誤魔化しに至っては、ほぼすべての企業で発生していると言っても過言ではないでしょう。

こうした不正行為の具体例としては、会社の経費で個人的な物を購入する、交通費やホテル代を水増し請求する、会社の不用品を売却して得た金銭を着服するなどが挙げられます。中には、営業インセンティブを得るために取引先の発注書を偽造するような大胆な行為に及ぶ者もいますからね。

これらの不正行為は、会社の利益を直接的に損なうだけでなく、従業員のモラルを低下させ、組織の健全性を損ねる恐れがあります。不正を見逃すことは、不正を容認しているのと同じだと受け取られかねません。また、不正行為が発覚した際の社会的信用の失墜は、計り知れない影響をもたらすでしょう。

これらの不正行為を見抜くには、ＡＩを活用するのも一つの方法ですが、必ずしもＡＩが必要というわけではありません。確かにＡＩを導入すれば、大量のデータから不正の兆候を自動的に検知することができます。例えば、経費申請データから、通常とは異なるパターンを検出したり、取引データから、不自然な取引を発見したりすることができるでしょう。

ただし、ＡＩの導入には、初期コストや運用コストがかかります。また、ＡＩの判断結果を人間が確認する必要があるため、完全な自動化は難しいかもしれません。中小企業にとっては、コスト面での負担が大きいと感じるかもしれません。

そこで重要になるのが、定期的な内部監査の実施です。不正の兆候をいち早く発見することで、被害を最小限に抑えることができます。上場企業であれば、期末に取引先への対面調査を行うことで、不正行為を確実に発見することができるでしょう。

とはいえ、中小企業においては、本格的な内部監査を実施するのは難しいといわれるかもしれません。監査部門を設置するだけの人員や予算が確保できない場合もあるでしょう。しかし、簡易的な監査であっても、不正の疑いがある取引をざっくりと把握することは可能です。疑わしい取引が発見された場合は、経営者の判断で詳細な調査を行えばよいのです。

ただし、内部監査を実施する際には、従業員のプライバシーにも配慮する必要があります。

行き過ぎた監視は、従業員の士気を下げ、職場環境を悪化させる恐れがあります。監査の目的と範囲を明確にし、従業員への説明責任を果たすことが大切です。

このように、セキュリティ対策には目に見えるメリットがないように思われがちですが、実は企業の利益に直結する重要な取り組みだと認識するべきでしょう。不正行為を放置することは、会社の利益を従業員に不当に奪われているのと同じことを意味しますから。

また、セキュリティ対策は、企業の社会的責任でもあります。個人情報の保護や、サイバー攻撃への対処は、企業に課せられた重要な責務です。セキュリティ対策を怠ることは、企業の信頼を大きく損ねることに繋がりかねません。

経営者には、セキュリティ対策の重要性を再認識し、積極的に取り組む姿勢が求められているのではないでしょうか。コストではなく、投資と捉える視点が必要です。セキュリティ対策に投資することは、企業の持続的な発展のために不可欠な投資なのです。

第3章 ホリエモンなら守るべき情報を最小化する

セキュリティ問題は隠さず公表、情報開示で抑止力を高める

近頃は企業におけるセキュリティ意識の向上が叫ばれていますよね。サイバー攻撃や情報漏洩のリスクが高まる中、セキュリティ対策は企業経営における重要な課題となっています。国や業界、親会社からの規制も強化される中、経営者はどのようにセキュリティ対策に取り組むべきでしょうか。

セキュリティ規制の動向を正確に予測することは難しいかもしれません。技術の進歩やサイバーへの脅威の変化に伴い、規制の内容も刻々と変化するからです。しかし、規制への対応だけに注力するのは得策ではありません。企業経営において重要なのは、セキュリティリテラ

シーの向上です。

企業は利益を追求する存在ですから、セキュリティ対策にも投資を惜しむべきではありません。セキュリティ対策を怠ることで、サイバー攻撃による金銭的な損失や、情報漏洩による信用の失墜など、深刻な影響を受ける可能性があるからです。セキュリティ対策への投資は、企業の存続にとって不可欠な投資といえるでしょう。

経営者のセキュリティ意識を高めるためには、セキュリティ会社側からの具体的なアプローチが効果的です。例えば、経営者向けの横領無料診断サービスを提供し、タクシー広告などで宣伝すれば、大きな反響が得られるでしょう。発見率100%をうたえば、数千円の投資でも十分に価値があると考えられます。

このようなサービスを通じて、経営者は自社の脆弱性を認識し、セキュリティ対策の必要性を実感することができます。また、セキュリティ対策への投資が、企業の利益に繋がることを理解してもらうことも大切です。セキュリティ対策は、コストではなく、投資と捉える視点が必要なのです。

また、ダークウェブ上に流出した個人情報の監視も重要です。ダークウェブとは、前出の通り、通常のインターネットでは検索できない、匿名性の高いウェブサイトの集まりを指しますが、犯罪者たちが、盗んだ個人情報を売買するなど、違法な活動に利用されることが多いのです。

アップルなどの企業は、ダークウェブ上で流出した（と考えられる）ＩＤやパスワードの情報を利用者に通知し、変更を促しています。これは、流出した情報が悪用される前に、対策を講じるための重要な取り組みです。企業も同様に、ダークウェブ上の情報を監視し、必要な対策を講じる必要があるかもしれません。

ただし、社員のセキュリティリテラシーを１００％にすることは現実的ではありません。人間は必ず何らかのミスを犯すものですし、すべての社員が高度なセキュリティ知識を持つことは期待できません。むしろ、致命的な損失に繋がるようなセキュリティ上の穴を防ぐことに注力すべきです。

具体的には、重要なシステムへのアクセス制限や、定期的なセキュリティ監査の実施、インシデント対応体制の整備などが挙げられます。これらの対策により、万が一セキュリティ上の問題が発生した場合でも、被害を最小限に抑えることができるでしょう。

また、監視カメラの設置など、社員の行動を監視する対策も考えられます。しかし、行き過ぎた監視は、社員のプライバシーを侵害し、士気の低下を招く恐れがあります。セキュリティ対策と社員の自由のバランスを取ることが重要ですね。

加えて、セキュリティ上の問題が発生した際には、それを公表することも重要です。問題を隠蔽するのではなく、積極的に情報を開示することで、抑止力として機能します。問題の原因や対策について説明することで、利用者からの信頼を得ることもできるでしょう。

また、社員に対しても、セキュリティの重要性を認識してもらう良い機会になります。問題の公表を通じて、セキュリティ意識の向上を図ることが期待できるでしょう。

ただし、問題の公表には注意が必要です。公表のタイミングや内容によっては、かえって企業の信用を損ねる恐れがあります。セキュリティ対策や危機管理の専門家の助言を受けながら、慎重に判断することが求められます。

企業経営において、セキュリティ対策は避けて通れない課題です。規制の動向に惑わされることなく、経営者自らがセキュリティ意識を高め、リテラシーの向上に努めることが求められています。そして、致命的な損失を防ぎつつ、問題が発生した際には積極的に情報を開示する姿勢が重要です。

セキュリティ対策に終わりはありませんが、地道な取り組みを続けることで、企業の信頼性を高めていくことができるのです。経営者には、長期的な視点に立ち、セキュリティ対策に継続的に取り組む姿勢が求められています。

セキュリティ対策の鍵は守るべき対象を絞り込むこと

企業のセキュリティ対策において、最も重要なのは守るべき対象を絞り込むことだと思います。サイバー攻撃の脅威が高まる中、企業には膨大な情報資産があり、すべてを同じレベルで守ることは現実的ではありません。多くの企業では、すべての情報を同じ優先順位で守ろうとするため、コストがかかり、大変な作業となってしまいます。しかし、実際に守らなければいけない情報は、思っているほど多くはありません。

企業の情報資産の中でも、特に重要なのは、企業の競争力の源泉となる技術や知的財産、顧客の個人情報などです。これらの情報が流出した場合、企業の存続に関わる深刻な影響を及ぼしかねません。一方で、社内の一般的な業務データや、公開されている情報などは、相対的に重要度が低いといえるでしょう。

守るべき対象を選択し、それに関わる人数を最小限に抑えることが肝心です。重要な情報にアクセスできる権限を持つ人は、リテラシーが高く、信頼できる人物に限定すべきでしょう。具体的には、情報セキュリティの知識や意識が高く、機密保持に関する契約を交わしている社員に限定することが考えられます。

一方で、そうでない人は、情報に触れることができないようにします。つまり、堀の外に置いておくのです。重要な情報を扱う部署と、そうでない部署を物理的に分離したり、アクセス権限を厳格に管理したりすることで、情報漏洩のリスクを減らすことができます。

また、最重要技術を持っている人材に関しては、特別な待遇が必要だと考えます。企業の競争力を支える重要な技術を持つエンジニアや研究者は、企業にとって貴重な存在です。彼らが他社に引き抜かれたり、独立したりすることで、技術流出のリスクが高まります。

そこで、定年後も嘱託として雇用し、高い年俸を払うことで、情報漏洩の誘因をなくす方法が考えられます。本人たちにとっても、外部に流出させるリスクを冒してまで、他社に移るメリットがなくなりますよね。むしろ、古巣に留まり、技術的なアドバイスをするような役割の方が、本人にとっても魅力的だと思います。

また、重要な人材に対しては、金銭面だけでなく、やりがいや働きやすさなどの面でも配慮が必要です。彼らが長く企業に留まり、力を発揮できるような環境を整えることが大切でしょう。

こうすることで、セキュリティのファイアウォールを小さくすることができます。守るべき情報と人数を最小限に抑え、重要な人材には手厚い待遇を提供する。これが、効果的なセキュリティ対策の鍵となるのです。

ただし、重要度の低い情報だからといって、セキュリティ対策を怠ってはいけません。一般的な業務データであっても、流出すれば企業の信用を損ねる恐れがあります。また、重要度の低い情報からでも、断片的な情報を集めることで、機密情報に迫ることができます。

そのため、一律の基準でセキュリティ対策を行うのではなく、メリハリをつけることが大切だと思います。重要度に応じて、セキュリティ対策のレベルを変えるのです。例えば、最重要情報には、暗号化や二要素認証など、高度なセキュリティ対策を施す一方で、一般的な情報には、最低限のセキュリティ対策を行うといった具合です。

また、社員教育にお金をかけるにしても、ある段階からはむしろシステム側の対策に力を入れた方が効果的でしょう。人間は必ず何らかのミスを犯すものですし、すべての社員が高度なセキュリティ知識を持つことは期待できません。むしろ、リテラシーの低い社員がいても、情報漏洩をしてしまわないような仕組みを作ることが重要なのです。

具体的には、重要な情報を扱うシステムには、アクセス制限や監視機能を設けたり、ネットワークを分離したりするなどの対策が考えられます。また、万が一情報漏洩が発生した場合に備えて、ログの取得や暗号化、バックアップなどの対策も欠かせません。

つまり、セキュリティ対策において最も大切なのは、守るべきものを絞り込み、それに特化した対策を行うことだといえます。企業の情報資産を分類し、重要度に応じたセキュリティ対策を実施することで、コストを抑えつつ、高いセキュリティを確保することができるのです。

ただし、セキュリティ対策は一朝一夕にはできません。継続的な取り組みが必要です。新たな脅威や技術の登場に合わせて、セキュリティ対策を見直し、アップデートしていく必要があります。また、セキュリティ意識の向上には、経営層からのコミットメントと、全社的な取り組みが欠かせません。

企業のセキュリティ対策は、経営戦略の一部として捉えるべき重要な課題です。守るべきものを見極め、適切な対策を講じることで、企業の持続的な発展を支えることができるのです。経営者には、その重要性を認識し、リーダーシップを発揮することが求められているといえるでしょう。

ロケット開発における情報管理の極意、選択と集中が鍵

ロケット開発に関わっていると、「機密情報を守るのが大変そうだなぁ」と言われることがあります。しかしロケットを開発する上で、本当に重要な技術はほんの一部です。コア中のコアといえるような部分だけが非常に重要なのです。それ以外の技術は、時間をかければ習得できるものが多いのです。難しくはないのですが、時間がかかります。

例えば、ロケットの燃料である液体酸素の扱い方などがそうです。宇宙空間には空気がないので、ロケットは燃料を燃やすための酸素を液体の状態で持っていきます。しかし、液体酸素

はマイナス180度という非常に低い温度なので、そのままタンクに入れようとしても、入れるそばから蒸発してしまい、うまく入りません。

この問題を解決するには、断熱材（ホームセンターでも売っているのです）でタンクを覆い、逃がし穴を作って、ポンプで圧力をかけて液体酸素を入れる必要があります。最初は気体になって蒸発してしまいますが、徐々にタンクが冷やされ、液体が溜まるようになってくるのです。

このような、ロケット開発に特有のノウハウは、マニュアル化が難しく、経験の蓄積が必要になります。しかし、こうしたノウハウは、意外と流出しにくいものなのです。なぜなら、ロケット開発以外ではほとんど使えない知識だからです。

実際、私たちが初めて液体酸素を扱った時には、1カ月ほどどうしていいかわかりませんでした。ネットで調べてもそのような情報は見つからず、ロケット開発者にとっては当たり前のことでも、私たちには難しかったのです。

しかし、このようなノウハウは、厳重に情報管理をする必要はありません。むしろ、オープンソースにしてしまってもよいぐらいの情報なのです。ロケット製造に関わる技術のほとんどは、お金と時間さえかければ習得できるものなので、公開しても問題ありません。

本当に大事なのは、ごく一部のコア中のコアの技術だけです。うちの会社の公開資料などを見ても、ぼかしている部分はほとんどありません。しかし、どこのロケット会社の資料を見ても、絶対に公開しない部分があるのです。

そのような部分は、特許も取得しません。なぜなら、特許を申請すると技術が公開されてしまい、簡単にパクられてしまうからです。代わりに、基本特許だけを取得し、形状やノウハウ的な部分は非公開にしておくのです。

重要な技術情報は、一部の人たちしかアクセスできないクラウド上で管理しています。そこにアクセスできる人たちは、セキュリティに関する高いリテラシーを持っているので、基本的なセキュリティの考え方は説明する必要もありません。

情報管理において重要なのは、選択と集中です。全ての情報を一緒くたに管理しようとするから、ミスが起きてしまうのです。うちの会社では、ロケット開発に関する情報のほとんどを隠していません。ソフトウエアなども、ＧｉｔＨｕｂ[*16]など誰でもアクセスできるオープンソースプラットフォームに公開しているぐらいです。

重要な情報は厳重に管理し、それ以外は積極的に公開する。そうすることで、効率的な情報管理が可能になるのです。

＊16　ＧｉｔＨｕｂ＝ソースコードをオンライン上で公開・共有できるプラットフォーム。ＧｉｔＨｕｂ社によって運営されている。

守るべき対象を最小限に。それがセキュリティ対策の肝

セキュリティ対策においては、守るべき対象を最小限にすることが重要です。情報資産を無制限に増やせば増やすほど、セキュリティのコストは増大し、管理は複雑になります。そこで、本当に守るべき情報は何なのかを見極め、そこに集中的にセキュリティ対策を施すことが肝要なのです。

例えば、私は住所を公開せず、高価な物も持たないようにしています。持っているものでいちばん高額なのはｉＰｈｏｎｅくらいですね。しかし私のｉＰｈｏｎｅを盗んでも得るものはありませんよ。これにより、私は強盗のターゲットにはなりにくくなります。つまり、盗むべき物がなければ、襲われるリスクもないということです。

この考え方は、個人の情報セキュリティにも当てはまります。ＳＮＳで個人情報を公開し過ぎると、犯罪者のターゲットになりやすくなります。重要な個人情報は、必要最小限の範囲でしか公開しないことが賢明でしょう。また、クラウドストレージに重要なデータを保存する際は、暗号化するなどの対策が欠かせません。

ビジネスにおいても同様の考え方が適用できます。例えば、私が運営する有料メルマガの情報は、自社で管理せず、メルマガ配信サービス会社に委託しています。これにより、情報漏洩

のリスクを最小限に抑えることができます。仮に情報漏洩が発生したとしても、損害賠償責任は配信サービス会社が負うことになります。

企業が保有する情報資産の中でも、特に重要なのは、顧客情報や機密情報、知的財産などです。これらの情報が流出すれば、企業の信用は大きく損なわれ、事業継続にも影響を及ぼしかねません。一方で、社内の一般的な業務データや、公開情報などは、相対的に重要度が低いといえるでしょう。

このように、セキュリティ対策は、守るべき対象を最小限にすることが肝心です。しかし、多くの企業では、守るべきでない情報にまで過剰なセキュリティ対策を施していることが少なくありません。これは、セキュリティ対策を一律に考えているためです。

情報資産の重要度を見極めるためには、情報の分類が欠かせません。例えば、機密情報、社外秘情報、社内限定情報、公開情報などに分類し、それぞれのカテゴリーに応じたセキュリティ対策を講じるのです。重要度の高い情報ほど、厳格なアクセス制限やログ管理、暗号化などの対策が必要になります。

また、情報資産の管理には、人的な側面も重要です。機密情報を扱う社員には、秘密保持契約を結ばせたり、定期的な教育を行ったりすることが求められます。一方で、一般社員には、必要最小限の情報だけを開示し、不必要なアクセス権限を与えないことが肝心です。

ところでメタ社の詐欺広告問題では、有名人の詐欺広告が9割以上を占めているにもかかわらず、メタ社はこれを手放したくないがために言い訳を考えているのではないでしょうか。広告収入という利益を優先するあまり、ユーザー保護という重要な責務を怠っているように見えます。

企業側がメタ社への広告を停止するという行動に出ることは難しいでしょう。それほどまでに、グローバルプラットフォーマーの影響力は大きいのです。しかし、ユーザーの信頼を損なえば、長期的には企業の利益にもマイナスになります。メタ社自身が、詐欺広告の排除に積極的に取り組むことが求められるでしょう。

日本政府がどこまで踏み込んでメタ社に対策を求めるかが重要ですが、メタ社としては、日本政府がそこまで踏み込んでこないだろうと高を括っているのかもしれません。アメリカでも詐欺広告は存在しますが、日本ほどは多くないようです。それで日本の法規制の不備を突いた、悪質な広告主の存在も指摘されています。

政府には、国民のセキュリティを守るために、プラットフォーマーへの規制を強化することが求められます。ただし、行き過ぎた規制は、イノベーションを阻害する恐れもあります。プラットフォーマーの自主的な取り組みを促しつつ、必要に応じて法規制を導入するなど、バランスの取れたアプローチが必要でしょう。

つまり、セキュリティ対策において重要なのは、守るべき対象を最小限にすることであり、そのためには情報の重要度を見極める必要があるということです。すべての情報を一律に守ろうとするのではなく、本当に守るべき情報は何なのかを見定め、そこに集中的にセキュリティ対策を施すことが肝要なのです。

同時に、セキュリティ対策は、企業だけでなく、政府やユーザー、プラットフォーマーなど、多様なステークホルダーの協力なくしては成り立ちません。それぞれの立場から、セキュリティの重要性を認識し、適切な役割を果たしていくことが求められています。

デジタル時代において、セキュリティはもはや個人や企業だけの問題ではありません。社会全体で取り組むべき課題として認識され、多様なステークホルダーが連携して対策を講じていく必要があるのです。そのためには、セキュリティに関する教育や啓発活動を通じて、一人ひとりのリテラシーを高めていくことも欠かせません。

守るべきものを見極め、適切な対策を講じる。そして、社会全体で協力してセキュリティ課題に立ち向かう。そんな姿勢が、これからのデジタル社会に求められているのではないでしょうか。

第4章 大手企業へのサイバー攻撃から学ぶセキュリティ対策の重要性

ある大手企業へのサイバー攻撃を概観する

本稿を執筆しているとき、ある大手企業グループがサイバー攻撃を受けました。企業のセキュリティを考えるうえでとても参考になる出来事ですので、まだ確認できていない部分があるものの、わかっている範囲で概観してみたいと思います。

まず、同社がプレスリリースで発表した被害内容について、その概要をまとめてみましょう。

2024年某日、同社は動画配信を中心としたサービス群を標的とする大規模なサイバー攻撃を受けました。この攻撃はランサムウエアを含み、同社グループのデータセンター内のサーバーに及びました。同社は、この事態により読者やユーザー、作家・クリエイター、取引先、株主・投資家をはじめとする関係者全員に多大な不便と迷惑をかけたことを謝罪しています。

本稿を執筆している現在、同社は全社を挙げてシステムおよび事業活動の正常化に向けた対応を迅速に進めています。安全なネットワーク及びサーバー環境の構築に取り組んでおり、特に経理機能を中心として各事業における機能の正常化を最優先事項としているとのことです。経理機能については、アナログ対応も含めて1カ月ほどで復旧する見込みだとしています。

また、システムの復旧作業を加速させると同時に、人的リソースの拡大などシステムに依存しない体制を整備し、事業への影響を最小限に抑える対策を講じていく方針とのことです。

ウェブや動画配信サービス全般でのアカウントによる外部サービスへのログインが引き続き停止中です。一方で、臨時サービスの提供を開始し、一部の既存サービスも再開しています。今後も段階的にサービスを再開していく予定と報告しています。

販売事業については、商品の卸売りへの影響は限定的で、出荷機能もほぼ平常通りに回復しています。ただし、一部のサービスではアカウント認証機能の不具合によりユーザーがログインできない状況が続いており、代替の認証機能導入を検討中としています。アクセスできない障害が発生しているサービスについては、暫定的に臨時ページを開設するなどの対応がなされているようです。

情報漏洩の可能性については、現在、外部専門機関の支援を受けながら調査を実施しているとのこと。各種サービスにおける顧客のクレジットカード情報については社内でデータを保有していないため、情報漏洩は起こらない仕組みとなっていました。

この度の事態は、デジタル化が進む現代社会において、企業のサイバーセキュリティの重要性を改めて浮き彫りにしました。大手企業でさえも、ランサムウエア攻撃によって深刻な影響を受ける可能性があることが示されたのです。今後、多くの企業がこの事例を教訓として、より強固なセキュリティ対策を講じることが予想されます。また、システム障害時の事業継続計画（BCP：business continuity planning）の重要性も再認識されることでしょう。同社の対応と回復の過程は、他の企業にとっても貴重な参考事例として注目されていくでしょう。

ランサムウエア被害の実態、企業の対応策を考える

このように、サイバーセキュリティの重要性が叫ばれているにもかかわらず、大手企業でさえも深刻なサイバー攻撃の被害に遭うケースが増えています。

業界の大手として知られているこの企業グループのサーバー群と業務用システムが、ランサムウエアによる攻撃を受けました。この攻撃により、グループのシステムやサービスが1週間近く停止する事態に陥っています。

この影響は、グループ内部にとどまらず、多くのコンテンツ制作者やユーザーにも及んでいます。例えば、ユーザーが作成した動画コンテンツを配信するサービスが突如利用できなくなってしまいました。

このような状況になると、私も含めたコンテンツ制作者は独自の対応を迫られることになります。通常、システム運用はすべて動画配信サービスに任せていますが、今回のような事態になれば、独自に自分たちのコンテンツを視聴しているユーザーに状況を伝えるバックアップシステムが必要になります。そしてバックアップシステムでコンテンツを配信していることをX（旧Twitter）などのSNSで告知するなどの対応が必要になるでしょう。

ただし、このような対応にも限界があります。例えば、質問用のメールアドレスなど、一部の情報は公開できないままです。これは、情報セキュリティの観点から見ても、非常に難しい判断を迫られる状況だといえるでしょう。

一方で、ハッキングされた企業グループ側も対応に追われています。現時点では、1カ月間程度はメインのサービスが復旧しない可能性が高いとされており、その間の損失は最大で数十億円にも上ると見込まれています。これは特別損失として計上されるでしょう。

興味深いのは、この事態が株価にそれほど大きな影響が出ていないという点です。時価総額はほぼ維持されており、市場はこの事態をそれほど深刻には受け止めていないようです。

しかし、この判断が適切なものかどうかは慎重に見極める必要があります。数十億円という損失額は、一見すると同グループの規模から見れば大きなものではないように思えます。しかし、これはあくまで直接的な損失の見積もりに過ぎません。長期的に見れば、この事態が同グループのブランドイメージや顧客信頼度に与える影響は計り知れません。

この事例から、私たちは多くのことを学ぶことができます。まず、サイバーセキュリティの重要性です。どんなに大きな企業でも、適切なセキュリティ対策を怠れば、このような事態に陥る可能性があることが明確になりました。次に、事業継続計画（ＢＣＰ）の重要性です。主要サービスが長期間停止するという事態に直面しても、事業を継続できる体制を整えておくことが重要です。

最後に、ユーザー側においてはデジタル化時代におけるリスク分散の重要性も指摘できます。一つのプラットフォームに過度に依存することのリスクが明確になった今、企業は複数のプラットフォームやチャネルを活用するなど、リスクを分散させる戦略を考える必要があるでしょう。

この事例は、デジタル社会における企業経営の難しさと、同時にその重要性を示すものとなりました。今後、多くの企業がこの事例から学び、より強固な経営基盤を築いていくことが期待されます。

ランサムウエアが露呈させた、企業の危機管理の課題

同グループは、今回のランサムウエア攻撃によって大きな課題に直面することになりました。ランサムウエアとは、サーバー群を暗号化し、解読に必要な秘密鍵と引き換えに身代金を要求する悪質なマルウエアです。多くの場合、ビットコインなどの暗号資産での支払いを要求します。このような攻撃は、企業にとって深刻な脅威となっています。

同グループは、二つのクラウドシステムを使用していました。一つはパブリッククラウドで、もう一つは企業が提供するプライベートクラウドです。動画データやクレジットカードのデータはパブリッククラウド側に保存されており、今回の攻撃では無事だったとのことです。

しかし、プライベートクラウド側に保存されていたデータが攻撃の標的となりました。ここには、動画配信サービスをコントロールするためのシステム群や社内システム、決済システム、支払い用のシステムなど、いわゆる基幹システムが保存されていました。これらのシステムがランサムウエア攻撃を受け、ほとんどのサーバー群が機能しない状況に陥ったのです。

しかもこの攻撃は、非常に綿密に計画されたものだったようです。攻撃者は執拗に攻撃を繰り返し、同グループがサーバーをシャットダウンしても、リモートからサーバーを再起動する機能を利用して攻撃を継続しようとした形跡があったようなのです。

この事態に対し、同グループは物理的な対策を講じています。サーバーの電源を完全に切り、すべてのケーブル類を抜くという徹底した措置です。さらに、セキュリティ対策として、必要最小限の社員以外は本社オフィスへの出社を禁止するという対応も取っています。

この事例から、私たちは多くの教訓を学ぶことができます。まず、クラウドシステムの選択と運用の重要性です。パブリッククラウドとプライベートクラウドの使い分けは、セキュリティ面から見ても非常に重要です。今回の場合、パブリッククラウド側のデータは無事だったことから、重要なデータの保管場所の選択が攻撃の影響を最小限に抑える上で重要であることがわかります。

次に、物理的なセキュリティ対策の重要性です。サイバー攻撃に対して、最終的には物理的な対策（電源を切る、ケーブルを抜くなど）が有効だったという点は注目に値します。これは、デジタルセキュリティと物理的セキュリティの両方を考慮することの重要性を示しています。

さらに、緊急時の事業継続計画（ＢＣＰ）の重要性も浮き彫りになりました。出社禁止という措置は、セキュリティ対策としては有効ですが、同時に業務の継続性にも影響を与えます。このような事態に備えて、リモートワークなどの代替手段を事前に準備しておくことの重要性が再認識されました。

最後に、経営陣の危機管理能力の重要性も指摘できます。今後の対応と復旧のスピード、そして再発防止策の策定が注目されます。

デジタル時代の落とし穴、サイバーセキュリティ再考

この度の大規模なランサムウエア攻撃は、多くの企業にとって重要な教訓となりました。この事例を通じて、現代のビジネス環境におけるサイバーセキュリティの課題と対策について考察してみましょう。

まず、この攻撃の詳細についてはまだ多くが明らかになっていません。身代金要求があったのかどうか、内部協力者の存在の可能性など、重要な情報はセキュリティ上の理由から公開されていません。しかし、攻撃の手法を見ると、内部者の協力があった可能性も否定できません。これは、外部からの攻撃だけでなく、内部からの脅威にも十分な注意を払う必要があることを示唆しています。

このような大規模な攻撃が発生した場合、通常は数日程度で復旧することが期待されます。しかし、今回の場合は1カ月近くかかる見込みとなっており、その影響は甚大です。特に、同グループが提供しているプラットフォームに依存しているコンテンツ提供者にとっては、大きな打撃となっています。

私自身も影響を受けましたが、幸いなことに、私のコンテンツは複数のプラットフォームに分散して提供していたため、全面的なサービス停止を避けることができました。これは、リスク分散の重要性を示す良い例となりました。

この度の事例は、クラウドサービスの選択と運用の重要性も浮き彫りにしました。同グループは、パブリッククラウドとプライベートクラウドの両方を使用していましたが、攻撃を受けたのはプライベートクラウド側でした。グローバルレベルで運用されているパブリッククラウドは、多くの場合、高度なセキュリティ対策が施されています。一方、プライベートクラウドでは、内部者の管理を含めたセキュリティ対策が十分ではない可能性があります。

さらに、最近では別の大手企業でマルチシグのシークレットキーが流出する事件もありました。マルチシグ（Multisig）は、マルチシグネチャー（Multi Signature）の略語で、複数の署名を必要とする暗号技術です。主に暗号資産の取引やウォレットのセキュリティ強化に使用されます。例えば、3人の署名者のうち2人の承認が必要な「2-of-3」マルチシグなどがあります。これにより、単一の秘密鍵の紛失や盗難のリスクを軽減し、資産のセキュリティを高めることができます。組織の意思決定や資金管理にも活用され、より安全で透明性の高い運用を可能にします。

このマルチシグの流出は、人間関係を利用したソーシャルハッキングの脅威を示しています。技術的なセキュリティだけでなく、人的要因による脆弱性にも十分な注意を払う必要があります。

これらの事例を踏まえると、ローカルの企業が自ら大規模なサービスを運用する時代は終わりつつあるのかもしれません。セキュリティの観点からも、運用コストの観点からも、専門のクラウドサービスを利用することが賢明な選択となる可能性が高いでしょう。

この事態から学ぶべき教訓は多岐にわたります。まず、サイバーセキュリティは技術的な側面だけでなく、人的要因も含めた総合的な対策が必要であること。次に、サービスやデータの分散化によるリスク軽減の重要性です。そして、クラウドサービスの選択においては、セキュリティ面での信頼性を十分に考慮する必要があります。

最後に、危機管理とコミュニケーションの重要性も指摘できます。今回の事態に対する企業グループの対応と情報開示は、今後の企業のサイバーセキュリティ対策のモデルケースとなる可能性があります。

本書を読まれている皆さんも、この事例を他山の石として、自社のセキュリティ対策を見直し、より強固な体制を構築していく必要があるでしょう。同時に、利用者の側も、特定のプラットフォームに過度に依存することのリスクを認識し、適切な対策を講じることが求められます。サイバーセキュリティは、もはや企業だけの問題ではなく、社会全体で取り組むべき課題となっているのです。

第5章 ホリエモンが戦隊もの？サイバージャパンハッカーズ爆誕？

大谷翔平選手の事例から学ぶ、中小企業のセキュリティ対策の要点

大谷選手の口座のお金を通訳者の水原一平さんが違法賭博のために使っていたという不祥事からも、私たちはセキュリティの問題を考えることができます。

この不祥事については、多くの人が、大谷翔平選手の給与振込口座管理の不備を例に挙げ、自身できちんと管理していれば不正引き出しを防げたはずだと指摘しています。これは、中小企業の社長にも当てはまる話ですよね。英語ができないからといって、すべてを通訳に任せきりにするのではなく、自ら管理に関与することが肝要なのです。

社長自身が、セキュリティの重要性を認識し、リーダーシップを発揮することが求められる

わけです。特に、中小企業では、社長の意識がそのまま社員の意識に反映されやすいため、トップの姿勢が極めて重要です。社長が率先してセキュリティ対策に取り組むことで、社員のセキュリティ意識も自然と高まるでしょう。

次に、コンサルティング会社に全面的に頼ることが危険であることも考えさせられます。信頼度の高いコンサル会社とはいえ、そこに悪意のある社員がいる可能性もゼロではないため、すべてを信用しきるのは得策ではありません。疑う姿勢を持ち続けることが重要なのです。

特に、機密情報を扱うコンサルティング会社には、慎重な対応が求められます。契約書でNDA[*17]（秘密保持契約）を結ぶだけでなく、情報へのアクセス権限を最小限に限定したり、定期的なセキュリティ監査を行ったりするなどの対策が必要でしょう。また、社内の情報管理体制を整備し、万が一の情報漏洩に備えることも大切です。経営者が自らセキュリティについて学ぶことが面倒だからといって、何もかもを外部に丸投げするのは考えものです。

そして、中小企業のセキュリティ対策で最も注意すべきは、経理担当者による横領だと多くの状況が示唆しています。これを防ぐには、銀行口座の残高推移を定期的にチェックすることが有効です。マネーフォワードなどのアプリを活用すれば、不正アクセスの痕跡も残るため、

＊17　NDA（Non-Disclosure Agreement）＝秘密保持契約。秘密情報を他の企業に提供する際に他社に漏洩したり不正に利用されたりすることを防止するために結ぶ契約。

抑止力になるでしょう。

経理担当者は、会社の資金を直接扱う立場にあるため、不正に手を染めるリスクが高いといえます。特に、中小企業では、経理の権限が一人に集中しがちなため、牽制機能が働きにくくなります。そのため、定期的な監査や、複数人でのチェック体制の構築が欠かせません。また、経理担当者の人選にも注意が必要です。信頼できる人材を登用することはもちろん、適切な教育とモニタリングを行うことで、不正のリスクを最小限に抑えることができるでしょう。

一方で、親会社からの情報漏洩などのリスクは低いとの見方を示せます。中小企業が守るべきファイアウォールはそれほど大きくなく、コストもそれほどかからないはずだと思えるわけです。

実際、中小企業では、大企業ほど大量の機密情報を扱うわけではありません。また、親会社との関係性も、大企業ほど複雑ではないでしょう。そのため、セキュリティ対策に多額の投資を行う必要はないようにも思えてきます。

だからといって、セキュリティ対策を怠ってはいけません。会社規模に拘らず、顧客情報や機密情報の保護は企業の責務です。リスクの高い情報を特定し、重点的に対策を講じることが肝要です。

中途半端なセキュリティ対策よりも、何も対策しないことを潔く宣言する方が良いとの意見もあります。守るものがないのであれば、お金をかけずにオープンにした方が、かえって明快だということです。

セキュリティ対策に完璧はありません。どんなに対策を講じても、ゼロリスクにはなり得ないのです。むしろ、過剰な対策に固執するあまり、社員の生産性を損ねたり、イノベーションを阻害したりしてはいけないでしょう。

自社の置かれた状況を冷静に分析し、守るべきものを見極めることが大切です。その上で、費用対効果を考慮しながら、現実的な対策を講じていくことが求められます。

確かに、守るべき情報がないのであれば、セキュリティ対策に投資する必要はないかもしれません。ただし、その判断には慎重を期すべきでしょう。自社の事業や情報資産を過小評価していないか、今一度見直す必要があります。

以上のように、中小企業のセキュリティ対策については、経営者自らが管理に関与し、適切な範囲で対策を講じることが肝要だといえます。その上で、コンサルティング会社などの外部リソースを活用する際は、全面的に頼るのではなく、疑う姿勢を持ち続けることが重要なのです。

セキュリティ対策に完璧はありませんが、自社の状況に合わせた現実的な対策を地道に積み重ねていくことが、中小企業に求められているのではないでしょうか。経営者自らがセキュリティの重要性を認識し、リーダーシップを発揮することで、社員のセキュリティ意識も高まります。

また、セキュリティ対策は、企業の社会的責任でもあります。顧客や取引先からの信頼を得るためにも、適切な対策を講じることが欠かせません。セキュリティ対策を怠ることは、企業の信用を大きく損ねることに繋がりかねないのです。

中小企業だからといって、セキュリティ対策を軽視してはいけません。自社の状況に合わせた対策を着実に実施していくことが、持続的な成長のために不可欠なのです。経営者には、その重要性を再認識し、積極的に取り組む姿勢が求められているといえるでしょう。

セキュリティ企業の役割、攻撃予防と事後対応に注力

サイバーセキュリティ企業の主な業務は、サイバー攻撃を未然に防ぐことと、攻撃があった後の調査や復旧作業です。サイバー攻撃は年々増加傾向にあり、その手口も高度化・巧妙化しています。日本はサイバーセキュリティの領域で世界に後れを取っているといわれていますから、国を挙げての取り組みが急務とされますね。

ですので政府もサイバーセキュリティ基本法を制定し、国家戦略を策定するなど、対策強化

に乗り出しています。一方、民間企業におけるセキュリティ対策は、まだ十分とはいえません。多くの企業では、セキュリティ対策に割く予算が限られており、プロフェッショナルな人材の不足も問題なのです。

とはいえ、セキュリティ対策の一部はクラウド事業者に任せられるようになっています。クラウド事業者は、高度なセキュリティ技術を持ち、24時間365日の監視体制を敷いているため、自社でセキュリティ対策を行うよりも効果的だと考えられます。

しかし、クラウドを利用していても、企業側にセキュリティ対策の責任があることに変わりはありません。クラウド上のデータを適切に管理し、アクセス制御を行うことは企業の責務です。また、クラウドと自社システムの間のネットワークセキュリティにも注意が必要です。

それでも、毎日のように被害のニュースが報道されているのが現状です。これは、企業がセキュリティ対策に十分な予算を割いていないことや、企業側の知識不足が原因と考えられます。経営者のセキュリティ意識の低さも、大きな問題点として指摘できるでしょう。

サイバー攻撃は、企業の存続に関わる重大な脅威です。データの流出や改ざんは、企業の信用を大きく損ない、莫大な損害賠償に繋がりかねません。また、システムの停止は、事業継続を脅かす深刻な事態を招きます。

特に、ランサムウエア攻撃は近年急増しており、企業にとって大きな脅威となっています。

先ほども述べましたが、ランサムウエアとは、コンピュータウイルスの一種で、感染するとファイルが暗号化され、身代金を支払わないと復号化できなくなるというものです。そして、後に身代金を払っても、データが復元される保証はなく、二重の被害を受けるリスクもあります。

また、ロシアとウクライナの戦争では、サイバー攻撃が戦争の第一段階として行われているといわれています。国家が関与するサイバー攻撃は、民間企業をも巻き込む脅威となっているのですね。日本も例外ではありません。例えば2023年に、JAXA[*18]がロケット技術のデータを北朝鮮に抜き取られた可能性があることが報じられました。

サイバー攻撃は、もはや一企業の問題ではなく、国家安全保障上の重大な課題と認識されるようになってきました。政府と民間が連携し、情報共有を図りながら、サイバーセキュリティ対策を強化していくことが求められています。

被害に遭った後の対応としては、法的な証拠保全や訴訟への備え、正確な情報を発信するためのプレス対応などがあります。例えば本書の共著者である小林さんの会社では、SOC[*19](Security Operation Center）による監視、インシデントレスポンス、フォレンジックなどのサービスが提供されています。

SOCは、企業のネットワークやデバイスを24時間365日監視し、サイバーセキュリティの脅威を検出・対応する専門組織です。不審な通信や異常な動作をいち早く検知し、速やかに対処することで、被害を最小限に抑えることができます。

インシデントレスポンスは、サイバーセキュリティの侵害や不正アクセスなどの緊急事態に対処するための計画とプロセスを指します。事前に策定されたプランに基づいて、迅速かつ適切な対応をとることが重要です。被害の拡大を防ぎ、早期の復旧を図ることが目的です。

フォレンジックは、サイバー攻撃や不正アクセスなどのセキュリティ事故が発生した際に、デジタルデバイスやネットワークから情報を収集・解析し、被害状況の解明や法的証拠を確保するための技術やプロセスです。証拠の改ざんを防ぎ、犯人の特定や損害賠償請求に役立てることができます。

サイバーセキュリティ企業は、これらのサービスを組み合わせ、企業のセキュリティ対策を支援しています。法人契約を結び、ウイルス対策ソフトとセットで運用監視サービスを提供しているのです。中堅・中小企業にとっては、自社でセキュリティ人材を確保するのが難しいため、外部の専門企業に頼るのが現実的な選択肢となっているのです。

＊18　ＪＡＸＡ（Japan Aerospace Exploration Agency）＝宇宙航空開発機構。宇宙航空分野の基礎研究から開発・利用に至るまで一貫して行う機関。
＊19　ＳＯＣ（Security Operation Center）＝24時間３６５日体制でネットワークを監視、リアルタイムで脅威を検知・対処する役割を担う。

サイバーセキュリティ企業は、企業の代わりにアラートを監視し、ネットワークを遮断・復旧するなどの対応を行います。万が一、被害に遭ってしまった場合でも、迅速な対応により、損害を最小限に抑えることができるのです。

アクトさんの最近の事例でも、世界的に有名なハッカー集団「BlackCat」による攻撃事例がありました。このときは製造ラインが停止するなどの被害が発生し、身代金要求もありましたが、大きな損害を防ぐことができたそうです。

このように、サイバーセキュリティ企業は、企業のセキュリティ対策に欠かせない存在となっています。高度な技術力と豊富な経験を持つ専門家が、最新の脅威に対抗し、企業の安全を守っているのですね。

しかし、多くの経営者は、自社や同業他社が被害に遭わない限り、サイバーセキュリティの重要性を認識しないのが現状です。サイバー攻撃は日々進化しており、企業はより一層のセキュリティ対策が求められているというのに。

経営者には、サイバーセキュリティを経営上の重要課題と位置付け、適切な投資を行う姿勢が求められます。また、従業員のセキュリティ意識を高め、日常的な対策を徹底することも重要です。

サイバー空間の脅威は、もはや他人事ではありません。企業も個人も、一人ひとりがセキュリティ意識を高め、対策に取り組む必要があるのです。サイバーセキュリティ企業の果たす役割は、今後ますます大きくなっていくでしょう。

サイバー攻撃のリスクを定量的に示し、経営層の理解を得る

サイバー空間の脅威は年々増大しており、その手口も高度化・巧妙化の一途をたどっています。しかし、多くの企業では、サイバーセキュリティ対策の重要性をまだ十分に認識できていないのが現状です。「うちは大丈夫」「10年前のウイルス対策ソフトで十分」といった意識が、経営者層を中心に根強く残っているようにすら感じます。

経営者の中には、サイバーセキュリティ対策をコストと捉え、投資を控える傾向がありますね。目に見える利益に繋がらないため、優先順位が低くなってしまうのです。また、大企業でもない自社がサイバー攻撃のターゲットになるとは考えにくいという認識も、対策を怠る要因となっています。

しかし、サイバー攻撃の手法は日々進化しており、古いセキュリティ対策では、もはや役に立たなくなっています。ウイルスやマルウエアは、常に新しい亜種が生み出されており、パターンマッチングに頼る従来のウイルス対策では、検知が難しくなっています。さらに、ゼロ

デイ脆弱性を突く攻撃も増えており、パッチが提供される前に被害が発生するケースも少なくありません。ゼロデイ脆弱性とは、ソフトウエアの未知のセキュリティ上の欠陥を指します。この脆弱性は、開発者や公衆にはまだ知られておらず、修正パッチがまだ存在しない状態ですね。攻撃者はこの脆弱性を利用して、不正アクセスやデータの盗難などのサイバー攻撃をしてきます。

また、USB[*20]を使った物理的な攻撃や、人の心理的な弱みを突くソーシャルエンジニアリング、さらにはハニートラップなど、様々な手口が存在します。技術的な防御だけでは、こうした攻撃を防ぐことは困難です。従業員の教育・啓発を通じて、セキュリティ意識を高めていくことも重要な対策の一つといえるでしょう。

こうした攻撃から企業を守るには、最新のセキュリティ対策が不可欠なのです。ウイルス対策ソフトの定義ファイルを常に最新の状態に保つことはもちろん、OSやソフトウエアの脆弱性に対するパッチの適用、不要なポートの閉鎖、アクセス制御の強化など、多層的な防御が求められます。また、ログの監視や異常検知など、攻撃の兆候をいち早く察知する仕組みも欠かせません。

実際に、サイバー攻撃による被害は深刻化しています。統計データを見ると、一定の確率でサイバー被害が発生しており、莫大な費用が発生したり、売上が大きく下がったりしているケースが多数報告されています。中には、身代金を要求され、それを支払わざるを得なかった企業もあるのです。

ランサムウエア攻撃は、特に深刻な被害をもたらします。重要なデータが暗号化され、身代金を支払わない限り、復号化できなくなってしまうのです。身代金を支払っても、データが戻ってくる保証はありません。むしろ、身代金を支払ったことで、再度の攻撃対象になるリスクもあります。

また、サイバー攻撃による風評被害も看過できません。顧客情報の流出は、企業の信用を大きく損ねる事態に繋がりかねません。株価の下落や、取引先との関係悪化など、二次的な被害も広がる恐れがあります。

こうした状況を踏まえると、サイバーセキュリティ対策は、もはや「保険」ではなく、企業経営における必須の投資だといえるでしょう。サイバー攻撃のリスクは、どの企業にも存在します。規模の大小を問わず、サイバー攻撃の標的になる可能性があるのです。

経営者層の理解を得るためには、統計データを用いて、サイバー攻撃のリスクと対策の効果を定量的に示していく必要があります。単にリスクを訴えるだけでは、説得力に欠けます。実

＊20 ＵＳＢ（Universal Serial Bus）＝ＰＣと周辺機器の接続などに使われる標準規格。

際の被害事例を踏まえ、具体的な数字を示すことが重要です。また、セキュリティ対策がビジネスの継続性を支える重要な投資であることを、丁寧に説明していく必要があるでしょう。

さらに、サイバーセキュリティ対策は、企業の社会的責任という側面もあります。サイバー攻撃による情報流出は、個人のプライバシーを侵害する重大な問題です。企業には、顧客の情報を守る義務があります。サイバーセキュリティ対策を怠ることは、企業の信頼を大きく損ねかねません。

また、企業内でサイバーセキュリティ対策を推進するには、情報システム部門の役割が重要です。現場で日々奮闘するのは、情報システム部門の担当者たちです。しかし、現状では、情報システム部門が経営層に予算を上申しても、なかなか通らないというケースが多いようです。「そんなことよりも売上と利益を上げろ」といった反応が返ってくることも珍しくありません。

こうした状況を打開するには、情報システム部門と経営層との間で、サイバーセキュリティ対策の重要性について認識を共有することが不可欠です。情報システム部門には、経営層に対して、サイバー攻撃のリスクと対策の必要性を丁寧に説明し、理解を得ていく地道な努力が求められるでしょう。

また、経営層も、情報システム部門の苦労に耳を傾ける姿勢が大切です。現場の声に真摯に向き合い、必要な支援を惜しまないことが求められます。サイバーセキュリティ対策は、情報システム部門だけの問題ではありません。経営課題として捉え、全社的な取り組みとして推進していく必要があります。

加えて、サイバーセキュリティ人材の育成・確保も重要な課題です。高度化するサイバー攻撃に対抗するには、専門的な知識とスキルを持った人材が不可欠です。しかし、日本では、セキュリティ人材が圧倒的に不足しているのが現状です。

企業には、社内でセキュリティ人材を育成する取り組みが求められます。専門的な教育プログラムを用意し、計画的にスキルアップを図ることが重要です。また、外部の専門家との連携も欠かせません。セキュリティベンダーやコンサルティング会社など、外部リソースを有効活用することも検討すべきでしょう。

サイバー攻撃は、もはや他人事ではありません。自社が攻撃を受ける可能性は、常にゼロではないのです。企業経営におけるサイバーセキュリティ対策の重要性を再認識し、適切な投資を行っていくことが、今後ますます求められていきます。

経営者には、サイバーセキュリティを経営上の重要課題と位置付け、リーダーシップを発揮することが期待されます。リスクを正しく理解し、必要な対策に積極的に取り組む姿勢が欠かせません。

同時に、すべての従業員がサイバーセキュリティの重要性を認識し、日常的な対策を実践することも重要です。一人ひとりがセキュリティ意識を高め、自分事として捉えることが求められるのです。

サイバー空間の脅威に立ち向かうには、経営層から現場まで、組織を挙げての取り組みが不可欠です。技術的な対策と人的な対策を組み合わせ、多層的な防御を構築していくことが肝要です。その上で、万が一の被害に備え、インシデント対応の体制を整えておく必要もあるでしょう。

企業のサイバーセキュリティ対策は、もはや待ったなしの課題です。リスクを過小評価することなく、適切な投資と体制作りに着手することが求められています。サイバー空間の安全を確保することは、企業の持続的な発展のために不可欠な営みなのです。

セキュリティ啓蒙に戦隊モノ⁉　サイバージャパンハッカーズ登場

企業におけるサイバーセキュリティの重要性を啓蒙するために、私（堀江）はアクトさんに「サイバージャパンハッカーズ」という戦隊モノキャラクターを作ることを提案しました。サイバージャパンハッカーズは、サイバーセキュリティイベントに参加してトークを行ったり、ハッキング対決イベントを開催したりすることで、多くの人々に対してライトなタッチポイントを提供し、セキュリティの重要性を伝えることができるという位置付けです。

また、セキュリティ人材、特に女性エンジニアが不足している現状を踏まえ、サイバージャパンハッカーズをかっこいいロールモデルとして提示することで、学生などの若い世代にセキュリティエンジニアという職業の魅力を伝えることができるでしょう。高給与であることも、人材確保の観点から重要なポイントです。

また、サイバージャパンハッカーズというチーム名でeスポーツチームを作ることも提案しました。現在、eスポーツは非常に盛り上がりを見せており、ハッキングコンテストなどの大会に出場することで、サイバーセキュリティへの関心を高めることができるでしょう。

キャラクターデザインについては、戦隊モノのようなカラフルなイメージが適しているのではないかと思いつきました。アクトの小林代表取締役自らがレッドを務め、他のメンバーもそれぞれの色を担当することで、インパクトのあるチームを形成できますよね。

広告戦略としては、タクシー広告などで「サイバージャパンハッカーズ」という名前を前面に押し出し、にしたんクリニックやイモトのＷｉＦｉのＣＭように、わかりやすく耳に残るフレーズを用いることが理想的です。企業の中身はしっかりしているのに、一見よくわからないＣＭを流すことで、人々の興味を引き付けることができるでしょう。

最終的には、サイバージャパンハッカーズを実際に見たいと思わせるところまで持っていければいいですね。「あのサイバージャパンハッカーズが来るんだって！」と思ってもらえるようなチームを目指せば面白くないですか？

広告で目立つことで人々の関心を集め、代表取締役自らがレッドを務めるサイバージャパンハッカーズのリーダーとして認知されれば、セキュリティの話もしっかりと聞いてもらえるようになるでしょう。そこから無料診断を提供し、セキュリティホールを指摘することで、月額契約に繋げていくのです。自社がその顧客からどれだけの利益を得ることができるのかを表すLTV[*21]（顧客生涯価値〝Life Time Value〟）を考慮すれば、初期のコストをかけても十分に採算が取れるはずです。

といってもこの話はまだ、サイバージャパンハッカーズを用いたサイバーセキュリティ啓蒙戦略のアイデアの段階です。インパクトのあるキャラクターと広告戦略により、多くの人々にサイバーセキュリティの重要性を伝え、セキュリティ人材の確保にも貢献できるといいですね。

＊21　LTV（Life Time Value）＝顧客生涯価値。ある顧客が自社と取引を開始してから終了までに、どれだけの利益をもたらしてくれるかを表す指標。

第6章 犯罪もサブスクの時代へ

ここまでホリエモンこと堀江貴文さんが、ビジネスの先端と走り続けてきたご自身の経験や知見を交えながら、サイバーセキュリティの最前線についてのご意見を伺ってきました。

そのお話を受けて、ここからは企業の皆さまにとって最良となるセキュリティ対策のご提案、ご提供しております株式会社アクトCEOを務めております小林が、自社の取り組みや事例サービスを含めて、サイバーセキュリティ対策の実際について、ご案内させていただきます。

サイバー攻撃は世界のどこからでも実行される

近年、サブスクリプションビジネスが様々な分野に取り入れられています。個人向けにはAmazon PrimeやNetflixなどのコンテンツ配信などが有名です。企業向けサービスも拡大していて、クラウド会計ソフトやデザインツールなどがすでに広く利用されています。

ＩＴ業界ではこれらをＳａａＳ（サース）と呼ぶことがあります。ＳａａＳとは「Software as a Service」の略称で、インターネットを通じて提供されるソフトウエアサービスのことです。ユーザーはソフトウエアをウェブブラウザやアプリを通してオンラインで気軽に利用でき、利用料をサブスクリプション（定額料金制）で支払います。

初期投資も不要ですぐに使用でき、誰でも簡単に利用できる！　ユーザーにとっては「いい事尽くめ」なので、サブスクは様々な分野で広がっているのです。アンダーグラウンドな世界でも……。

最近では悪意のあるハッカーがサイバー攻撃に使用するランサムウェアもサブスクリプションで提供されるようになっているのです。

このビジネスモデルをＲａａＳ（ラース）と呼びます。「Ransomware as a Service」の略称です。つまり、ランサムウエアを開発しているハッカーやそのグループが、自らが開発したランサムウエアのコードを他のハッカーが使えるように提供しているのです。

ランサムウエアとはコンピュータウイルスの一種です。感染させることで、相手のサーバーやパソコン内のデータを暗号化して使用できなくしてしまいます。

そして暗号化を解除することを条件に身代金が要求されます。

つまりRaaSは、技術的なスキルの低い悪意あるハッカーでも手軽にサイバー攻撃を行える環境を提供しているのです。ランサムウエアの開発とサイバー攻撃が分業化されたことで、サイバー攻撃のハードルが下げられてしまったのです。

この分業はやはり近年増加しているオレオレ詐欺と似ています。オレオレ詐欺も、詐欺のシナリオやトークを考案する人物と実行する人物、そして金銭を回収する人物が分業していますよね。

しかしサイバー攻撃がオレオレ詐欺や強盗などのリアルな犯罪よりも格段に脅威なのは、オレオレ詐欺や強盗などの犯罪はその殆どが国内でのみ限定的に実行されていることです。

一部の犯罪者グループは海外に潜伏するなどしていますが、実行部隊は国内で行動しなければ犯罪を遂行できません。例えば銀行強盗をするのであれば、実際にその銀行を襲わなければならないですよね。

ところがサイバー攻撃は、インターネットさえ繋がっていれば、世界中のどこからでも実行することができます。実際、日本の企業や政府関係施設に対するサイバー攻撃の多くが海外から行われています。

このようにサイバー攻撃は容易に国境を超えて行われるため、近年の国際紛争や戦争は、実際の武力攻撃が行われる前哨戦として、まずサイバー攻撃が行われています。

例えばロシアとウクライナの戦争でもイスラエル・ハマス紛争においても、実際の武力攻撃が行われる前にサイバー攻撃合戦が行われていたといわれています。

ですから、いきなりミサイルを発射したり、戦車・戦闘機などで侵攻するのではなく、事前に相手国の情報網をハッキングし、相手の機密情報を入手したり、逆に誤った情報をリークしたり、あるいは情報網を破壊したりしているのです。

実際、ロシアとウクライナの戦争においても、相手の発電施設のシステムをハッキングして機能不全にすることから始まっていたといわれています。

このことは、四方を海で囲まれていることで侵攻が困難に思える日本においても、サイバー攻撃においては、相手にとってまったく障害とはならないことを示しています。

例えば仮にロシアや中国などが北海道や沖縄などに侵攻しようとすれば、いきなり武力侵攻してくるのではなく、まずはサイバー攻撃を仕掛けてくるはずです。

サイバー攻撃により侵攻目標としている地域のインフラや防衛設備を機能不全に陥れたり破壊したりしてくるでしょう。

そのため、ロシアや中国、北朝鮮には外国をサイバー攻撃するためのハッカー部隊が数千人あるいは数万人の単位で編成されています。（※）

※　読売新聞『自衛隊「サイバー防衛隊」５４０人態勢で発足…中国は17万人、北朝鮮も６８００人』（htt

ps://www.yomiuri.co.jp/politics/20220317-OYT1T50257/)

ところが私が知っている限りにおいては、日本では国防のためのハッカーを雇っていません（秘密裏に体制が整えられているかもしれませんが）。これは非常に危機的状況です。

以上、国家におけるサイバー攻撃の脅威についてお話ししましたが、このことは企業のセキュリティにも影響しています。

例えばあなたが企業の経営者やセキュリティ担当者だとした場合、セキュリティ部門のエンジニアとしてロシア国籍や中国国籍のエンジニアを雇いますか？

ロシア人エンジニアや中国人エンジニアの誰もが悪意あるハッカーだとは思いませんが、雇うとなれば非常に抵抗があるはずです。

実際、セキュリティに厳しい体制を整えている企業は、取引先のセキュリティエンジニアに脅威となる国の人がいるかどうかまで確認します。それほどシビアな世界なのです。

そのため、日本人のセキュリティエンジニアの存在が非常に大事です。様々なビジネスがグローバル化している中でも、ことセキュリティの担い手に関しては日本人であること、同盟国や日本とは敵対関係にない国のエンジニアであることがとても重要です。

サイバー犯罪のスタイルの変化

ＲａａＳにより手軽にランサムウェアを使用できる環境が生まれたことで、サイバー犯罪のスタイルも変化してきました。

以前は個人情報が盗まれたり流出したりして、個人の電話番号やメールアドレス、クレジットカードなどの情報が転売され、それらの情報がスパムメールの配信やクレジットカードに悪用されてきました。このようなサイバー犯罪は現在もなくなることはありません。

ところが近年は、ランサムウェアに感染させることで企業や個人のシステムやデータを暗号化して使えなくし、身代金を要求するスタイルのサイバー犯罪が増加しているのです。

例えば企業の会計システムや顧客管理システムなどを乗っ取って暗号化するのです。そしてユーザーがデータに一切アクセスできない状態にして、暗号化を解除することを条件に巨額の身代金を要求してきます。

ハッキングされた企業としては、ビジネスを遂行できない状態に追い込まれますので、数千万円から数億円の身代金を要求されても、応じざるを得なくなります。

このとき、身代金の支払い方法は多くの場合は足がつきにくい暗号資産（仮想通貨）が指定されます。

多くの場合、悪意あるハッカーもビジネスとしてハッキングしているため、身代金の支払いに応じることで暗号化は解除されます。

なぜなら、お金を取る事を主目的としている以上、○○というハッカー集団は身代金を支払っても解除してくれないと噂になることは実際に企業から身代金を支払って貰えなくなり、彼らにとっても得策ではないからです。

上場企業は個人情報が流出した場合には報告義務があるため公表しなければなりませんが、それ以外のケースではセキュリティの甘さが明らかになることで信用を失うことを恐れて秘密裏に身代金を支払っている企業も多いといわれています。

堀江さんの話にもありましたが、個人においてもLINEのアカウントが乗っ取られる被害が相次ぎました。友人からメッセージが届き、「コンビニでギフトカードを買ってきてほしい」や「電子マネーを購入してきてほしい」などのメッセージの直後に「データが消えてしまい解除するには友人の確認が必要です」などのメッセージと共にURL[*22]が表示され、アクセスしてログインするとアカウントを乗っ取られるという手口でした。

多くの人がLINEやFacebook、Instagram、TikTokを利用していますが、アカウントを乗っ取られれば、それまでに育ててきた多くの人たちとの繋がりが消されてしまうため、1万円ほどの身代金であれば払ってしまいそうではありませんか。

これが企業であれば、顧客情報や財務情報、製品開発情報などが消されてしまうため、それまでに築き上げてきた信頼問題も含めると、損害の大きさは計り知れません。そのため身代金の額も数千万円から数億円規模になります。

サイバー攻撃の再発防止、脆弱性修正が鍵を握る

近年、セキュリティ対策の主流は、シグネチャ型から並走型へと移行しつつあります。

従来のシグネチャ型は、指名手配犯のように特定のパターンのウイルスを検知し、事前に防御するという手法でした。しかし、ウイルスが簡単に変異するようになり、新型コロナウイルス感染症のように次々と新しい変異株が出現する状況では、シグネチャ型の対策では防御網をすり抜けられてしまう可能性が高くなっています。

また、従来のウイルス対策ソフトは、検問型ともいうべき手法を採用していました。これは、車の検問のように一台ずつ止めて確認するようなもので、パソコンの処理速度が低下する原因となっていました。

＊22　URL（Uniform Resource Locator）＝インターネット上の固有のリソースのアドレス。

一方、最近のウイルス対策ソフトは、並走型といってよい手法を採用しています。高速道路の覆面パトカーのように、通常の処理を妨げることなく、怪しい動きがあった際にのみ対処するという方式です。これにより、パソコンのパフォーマンスを高く保つことができるようになりました。

しかし、セキュリティ対策にはまだ課題が残されています。例えば、ランサムウエアに感染してデータやシステムが人質になった場合、身代金を支払えば解放されるかもしれませんが、どこから攻撃を受けたのかがわからないと、同じ脆弱性を突かれて再び被害に遭う可能性があるのです。

これは、泥棒に入られた家の例えで考えると理解しやすいでしょう。合鍵を作られていたのか、窓が壊されていたのか、身内が犯人だったのかなど、侵入経路がわからないと適切な対策を打つことができません。同様に、サイバー攻撃の手口や侵入経路を特定できなければ、再発防止は難しいのです。

そのため、セキュリティ対策は、単に防御するだけでなく、攻撃の手口や侵入経路を特定し、根本的な脆弱性を修正することが重要となります。そうでなければ、身代金を払っても再び同じ攻撃を受ける可能性が高くなってしまいます。

サイバー犯罪者たちは、ダークウエブなどで攻撃の手口を共有しています。企業は、自社のシステムの脆弱性を把握し、適切な対策を講じることが求められているのです。

IoT時代の到来、便利さと引き換えに高まるセキュリティリスク

近年、インターネットに接続されたデバイスの数が飛躍的に増加しています。2018年には208・7億台だったのが、2025年には440・2億台になると予測されています。(※)

※ 総務省『令和5年版情報通信白書』(https://www.soumu.go.jp/johotsusintokei/whitepaper/ja/r05/html/datashu.html#f00212)

パソコンや携帯電話だけでなく、車や家電製品、ウエアラブルデバイスなど、あらゆるものがインターネットに接続されるようになるためですね。

この変化は、私たちの生活に大きな影響を与えます。インターネットに接続されたデバイスは、ソフトウエアのアップデートによって常に最新の状態に保たれ、新しい機能を追加することができます。例えば、テスラの車は、マップや車載ソフトウエアを自動的にアップデートすることで、常に最新の状態を維持しています。また、テレビもインターネットに接続することで、Netflixなどのストリーミングサービスを利用できるようになっています。

しかし、便利さと引き換えに、セキュリティ上の脅威も高まっています。インターネットに

接続されたデバイスには、ソフトウエアの脆弱性が存在する可能性があり、悪意のある攻撃者に乗っ取られる危険性があるからです。例えば、車を乗っ取られれば、重大な事故に繋がる可能性があります。家電製品が乗っ取られれば、勝手に動作したり、不正な情報を表示したりする可能性があります。

テレビが乗っ取られた場合、攻撃者が選んだ情報を大量に流すことも可能です。戦争状態では、真偽が定かではない情報を流すことで、人々を混乱させることができます。ロシアのプーチン大統領が、そのような手法を用いているといわれていますよね。

このようにＩｏＴ機器の普及に伴い、サイバー攻撃のリスクは高まっています。攻撃者は、脆弱なデバイスを乗っ取り、データを盗んだり、システムを破壊したりすることで、金銭的な利益を得ようとします。ランサムウエアによる身代金要求や、複数のコンピュータから一斉に特定の機器を攻撃するＤＤｏＳ攻撃[*23]によるサービス妨害など、様々な手口が用いられています。

このような脅威に対抗するためには、デバイスやシステムのセキュリティを強化することが重要です。メーカーは、定期的なソフトウエアアップデートを提供し、脆弱性を修正する必要があります。ユーザーは、強力なパスワードを設定し、怪しいリンクやファイルを開かないようにするなど、基本的なセキュリティ対策を講じる必要があります。

また、国や企業は、サイバー攻撃に備えた体制を整備する必要があります。セキュリティ専門家の育成や、インシデント対応チームの設置など、様々な取り組みが求められます。

ＩｏＴの普及は、私たちの生活を大きく変えるでしょう。それは便利さと引き換えに、セキュリティ上の脅威を高めることでもあります。私たち一人ひとりが、セキュリティに対する意識を高め、適切な対策を講じることが重要です。同時に、国や企業による取り組みも欠かせません。ＩｏＴの恩恵を最大限に享受しつつ、リスクを最小限に抑えるためには、官民一体となった努力が必要不可欠なのです。

＊23　ＤＤｏＳ（Distributed Denial of Service）攻撃＝意図的に大量のパケットを送信して、相手のサーバーやネットワークへ膨大な負荷をかけるサイバー攻撃。

第7章 サイバー攻撃は密かに進む

サイバー攻撃は泥棒と同じ発想、狙いやすい企業から攻撃

サイバー攻撃の脅威は大企業だけでなく、中小企業にも及んでいます。悪意のあるハッカーたちは、企業の規模によって狙いを定めるのではありません。セキュリティ対策の甘い企業を狙って攻撃を仕掛けてくるのです。

例えば、泥棒が家を狙うときのことを考えてみてください。高級な家でも、自動警備システムが入っていたり、ボディガードや犬がいたりすれば、泥棒はリスクが高過ぎると判断するでしょう。一方、富裕層ではない家でも、鍵や窓が開けっ放しで、旅行に出かけたのが丸わかりだったら、泥棒はそちらを狙うはずです。金庫に1000万円ある高級な家よりも、すぐに入

れて300万円を盗めるほうを選ぶに違いありませんよね。

ハッカーも同じ発想です。あなたの会社を狙わないのは、中小企業だからではありません。もちろん、トヨタ自動車や日本政府を狙うハッカーもいますが、彼らはビジネスとして、まずは狙いやすい企業からアタックするのです。海外のハッカーは、日本企業の規模などをいちいち調べたりしません。代わりに、インターネット上にばら撒いた攻撃用のプログラムを使ってちょっとしたちょっかいを出して、企業の反応を見るのです。素早く対策を打ってきたら、この企業は攻撃するのが面倒そうだと判断します。逆に、何の反応もなければ、対策が甘いと見なして本格的な攻撃に移行するのです。

つまり、サイバー攻撃への防御は、いかにハッカーに「この企業は攻撃するのが面倒くさそうだ」と思わせられるかという勝負なのです。もし1万人ものハッカーが本気でトヨタ自動車を狙ったら、トヨタ自動車だって太刀打ちできないでしょう。でも、彼らのビジネスとしては、そこまでのコストと時間をかけるよりも、セキュリティの甘い中小企業を狙った方が効率的なのです。

実際、2021年には徳島県のつるぎ町立半田病院がランサムウエア攻撃を受け、電子カルテシステムが利用できなくなるなどの被害が出ました。町立病院を狙ったのは、ハッカーが日本の病院の仕組みを知らなかったからでしょう。税金で運営されている病院に身代金を要求しても、払えるはずがありません。

大企業でも、グループ会社や取引先の弱い部分から攻撃されるケースが増えています。地方独立行政法人大阪府立病院機構の大阪急性期・総合医療センターは委託先の給食センターから、トヨタ自動車は部品メーカーの小島プレス工業から攻撃を受けました。海外拠点のセキュリティが甘ければ、そこから本社への侵入を狙われることもあります。

このように、サイバー攻撃のリスクは企業規模に関係なく、どこにでも潜んでいるのです。ハッカーはビジネスとして効率的に攻撃を仕掛けてきます。だからこそ、大企業だけでなく、中小企業もサイバーセキュリティ対策の強化が欠かせません。

企業を脅かすサイバー攻撃、その巧妙な潜伏戦術とは

ハッキングには一定の潜伏期間があります。例えば、ある企業を今日乗っ取ったとしても、すぐに身代金を要求することはありません。まずは、セキュリティのリテラシーが低い一般社員を狙い、ＩＤとパスワードを盗んだり、フィッシングサイトを使ってFacebookなどのアカウント情報を入手したりします。多くの人が同じＩＤとパスワードを使い回しているため、一般社員のアカウントを乗っ取ることができるのです。

次に、乗っ取った一般社員のふりをして、上司にウイルスを仕込んだ報告書のデータなどを送信します。上司が感染すると、今度は社長に稟議書などを送信し、同様にウイルスを仕込みます。社長のIDとパスワードが盗まれた瞬間に、管理者権限を奪うことができます。社長や役員はあらゆるシステムのマスター管理者権限を持っていることが多いため、全社内システムを制御できるようになります。

こうして潜伏を続け、権限のあるアカウントを乗っ取った後、一斉にシステムの暗号化を行います。また、乗っ取った後もすぐに暗号化せず、ボタンを押したら爆発するようにウイルスを仕込んでおくこともあります。世の中には、ハッカーがボタンを押せばいつでもシステムがダウンできる状態にある企業が多数存在しているのです。

身代金を支払わせるためには、バックアップシステムも乗っ取る必要があります。そのため、入念に準備を重ね、システムを暗号化して企業を困らせるのです。社員になりすまして取引先にメールを送信することもあります。取引先の担当者は、本物のメールアドレスからの添付ファイルなので開いてしまうでしょう。そこにウイルスが仕込まれていれば、取引先のシステムも感染してしまいます。

最近では、ファイルレスマルウエアと呼ばれる手法も使われています。プログラムコードをシステムに保存することがありませんので、従来のアンチウイルスソフトでは防ぐことができません。こうした攻撃により、取引先から損害賠償請求を受ける可能性もあります。ただし、ハッカーはこのような目立った行為を最後まで控えます。他社へ拡散するための手法として、最後に大量のメールを送信することはありますが、途中で検知システムに引っかかることを恐れ、慎重に行動するのです。

身代金を支払わなければ、データは返ってきません。支払わなかった企業は、システムを一から作り直す必要があります。バックアップデータを持っていれば復旧できる可能性はありますが、ハッカーはバックアップデータも狙います。クラウド上のバックアップは、本体と同じＩＤとパスワードを使っていることが多く、乗っ取られたら終わりです。

バックアップデータを守るには、ＩＤとパスワードを変更したり、アクセス権を厳重にしたり、別のネットワークに分離したり、物理的なハードディスクに保存したりする必要があります。しかし、毎日分離されたネットワークにバックアップを移したり、ハードディスクにコピーしたりするのは面倒ですよね。そのため、多くの企業がクラウドで自動アップデートを行っており、しかもＩＤとパスワードが同じで、ネットワーク経由でアクセスできるので、バックアップデータも乗っ取られてしまうのです。

このように、ハッキングは巧妙化し、いかに相手に致命的なダメージを与えてお金を取るかを考えています。

企業を狙うサイバー攻撃の脅威、身代金要求への対応を考える

サイバー攻撃の中でも、ランサムウエアによる被害を受けた企業は身代金要求に応じるか否かの判断を迫られます。大手製粉会社ニップンの事例を見ていきましょう。2021年7月、同社はサイバー攻撃を受け、システム障害が発生しました。その影響で、8月5日に予定していた2021年4~6月期決算の発表を延期せざるを得ない状況に陥りました。

攻撃者からの身代金の要求額はわかりませんが、ニップンはコンプライアンス上の理由から支払いを拒否しました。その代わりに、システムの買い直しやデータの復旧に莫大な費用がかかったといわれています。同社の2023年3月期 決算短信には16億2000万円が計上されています。(※)

※ 株式会社ニップン『2023年3月期 決算短信〔日本基準〕(連結)』(https://www.nippn.co.jp/ir/announcement/tanshin/pdf/2022_4Q.pdf)

身代金を支払うか支払わないかは、企業にとって難しい判断です。支払わなければ、顧客情報が悪用されたり、信用問題に発展する可能性があったりします。一方で、支払ってしまえば、その資金が犯罪者の手に渡り、さらなる犯罪に利用される恐れがあります。

サイバー攻撃の手口は巧妙化しており、IDとパスワードの盗難からスタートすることが多

いのです。フィッシングメールや怪しいメッセージを通じて、個人情報を盗み取ろうとする攻撃者の工夫は留まることを知りません。そのため、企業はＩＤとパスワードの盗難を防ぐと共に、万が一盗まれた場合にも早期に気づける体制を整えることが重要です。

防衛省や警察といった機関でも、サイバーセキュリティ対策に力を入れています。特に防衛省は、日米同盟に基づきアメリカの機密情報を保有しているため、情報漏洩が起これば深刻な事態に発展しかねません。アメリカからのプレッシャーも相当に強いでしょう。

警察も、犯罪者がサイバー空間で活動する時代になっては、従来のリアルな世界での犯罪対策だけでは不十分です。警察学校にサイバーセキュリティの授業を取り入れることも検討されているようです。サイバー犯罪者は、企業の規模を問わず、狙いやすいところから攻撃していきます。中小企業だからといって安心してはいけません。むしろ、大企業に比べてセキュリティ対策が手薄なところが多いため、中小企業が狙われるリスクは高いといえるでしょう。

サイバー攻撃から企業を守るには、セキュリティ対策の強化と、万が一の際の対応策の準備が欠かせません。身代金を支払うか支払わないかの判断も含め、平時から議論を重ねておく必要があります。サイバー空間の脅威は日々進化しています。企業は、その変化に遅れることなく、備えを怠らないことが肝要です。

企業のサイバー攻撃対策の必要性を浮き彫りにした社労士システム攻撃事件

２０２３年6月5日、エムケイシステムが提供する社労士向けのクラウドサービス「社労夢」が、ランサムウエアによるサイバー攻撃を受けました。この事件は、社労士業界に大きな衝撃を与えると同時に、パッケージシステムを提供する企業におけるセキュリティ対策の重要性を浮き彫りにしました。

その後の調査で不正アクセスの可能性が発覚し、サービスのサイトが接続しづらい状況が続いていました。個人情報の流出の可能性も考慮されており、エムケイシステムは警察への通報と個人情報保護委員会への報告を行っています。

流出した可能性のある個人情報には、従業員の氏名、住所、生年月日、社会保険番号など、極めてセンシティブなデータが含まれています。これらの情報が悪用された場合、なりすまし被害や不正融資など、深刻な二次被害が懸念されます。個人情報保護法に基づく本人への通知は、被害拡大を防ぐためにも重要な対応といえるでしょう。

エムケイシステムは、社労士向け業務システムでは国内トップシェアを誇り、管理事業所数は約57万、管理する在職者は約８２６万人に上ります。同社のサービスは、多くの社労士事務所に利用されており、業界のインフラともいえる存在です。そのため、この事件は、多くの社労士事務所や委託元の中小企業に影響を及ぼしており、個人情報保護法に基づく報告や本人への通知が必要となっています。

影響を受けた社労士事務所では、従業員の給与計算や社会保険手続きなど、重要な業務に支障が出ました。これらの業務は、従業員の生活に直結するだけに、早期の復旧が強く求められました。しかし、システムの復旧には時間がかかることが予想され、事務所の業務に大きな混乱が生じることは避けられませんでした。

攻撃を受けたことにより、このサービスを利用している社労士事務所はシステムにアクセスできなくなってしまいました。業務に必要な情報にアクセスできない状態が続けば、事務所の運営にも深刻な影響が及びかねません。代替手段を確保するためのコストも、事務所の負担となるでしょう。

エムケイシステムは、賠償責任を負っていると見られますが、その金額は微々たるものだといわれています。しかし、財務諸表を見ると、特損で2億円から3億円の損失が計上されているようです。この金額は、同社の経営に大きな打撃を与えるレベルではないでしょうか。

さらに、ユーザーからの賠償責任の請求も来ていると思われ、多くの社労士事務所は競合する同様のサービスに乗り換えを検討しているとのことです。エムケイシステムにとっては、顧客の流出という事態も想定されます。信頼の失墜は、同社の将来に暗い影を落とすことになるでしょう。

パッケージシステムを提供している企業にとって、一つのパッケージの脆弱性が突かれると、全ユーザーに被害が及ぶ可能性があるため、セキュリティ対策は非常に重要です。特に、クラウドサービスでは、多くのユーザーのデータを一元的に管理しているため、セキュリティ上の欠陥は致命的な結果をもたらしかねません。

他の業界でも、例えば出版業界において出版管理システムの脆弱性が突かれたら、全出版社が受発注できなくなるなどの影響が考えられます。物流システムや金融システムなど、社会インフラともいえるシステムが攻撃を受ければ、社会全体に大きな混乱が生じる恐れがあります。

そのような事態になれば、システムの乗せ換えに多額の費用がかかり、企業の存続にも関わる可能性があります。システムの移行には、膨大な時間と労力が必要となります。その間、業務の停滞は避けられず、経済的な損失は計り知れません。

このように、パッケージシステムを提供する企業は、セキュリティ対策に万全を期すことが求められます。日々高度化するサイバー攻撃に対抗するには、最新のセキュリティ技術の導入が欠かせません。脆弱性の定期的な診断や、セキュリティ監査の実施など、多層的な防御策を講じる必要があるでしょう。

加えて、万が一の事態に備えた危機管理体制の整備も重要です。インシデント対応計画を策定し、定期的な訓練を行うことで、有事の際の迅速な対応を可能にします。また、データのバックアップや、代替システムの確保など、事業継続のための備えも欠かせません。

一方、ユーザー企業も、サービス提供元のセキュリティ体制を確認し、適切なバックアップ体制を整えておくことが重要です。クラウドサービスに全面的に依存するのではなく、自社でデータを保管するなどの対策が求められます。また、従業員のセキュリティ教育を徹底し、人的な脆弱性を減らすことも大切です。

サイバー攻撃のリスクが高まる中、企業はより一層の対策を講じる必要があるでしょう。技術的な対策と人的な対策を組み合わせ、多層的な防御を構築することが肝要です。さらに、業界全体で情報を共有し、連携してサイバー攻撃への脅威に立ち向かうことも重要といえます。

エムケイシステムへのサイバー攻撃は、社労士業界に大きな衝撃を与えましたが、同時に、セキュリティ対策の重要性を改めて浮き彫りにしました。これを機に、同業他社も自社のセキュリティ体制を見直し、必要な対策を講じることが期待されます。

また、この事件は、社会全体のサイバーセキュリティ意識を高める契機にもなったでしょう。企業だけでなく、個人一人ひとりがサイバー攻撃への脅威を正しく理解し、適切な対策を取ることが求められます。

デジタル化が加速する中、サイバー空間の安全を確保することは、社会の重要な課題といえます。エムケイシステムの事例を教訓に、官民が連携して、サイバーセキュリティ対策を推進していくことが期待されます。

技術の進歩がもたらす利便性を享受しつつ、そのリスクにも備える。デジタル社会を生きる私たちに求められる、新たな知恵と覚悟といえるのかもしれませんね。

AIとディープフェイクが犯罪者の新たな武器に

ＡＩやディープフェイク技術の発展により、犯罪者がこれらの技術を悪用する可能性が高まっています。これらの技術は、本来は利便性の向上や創造的な表現のために開発されたものですが、悪意ある者の手に渡れば、強力な犯罪ツールとなり得るのです。

特に、ＬＩＮＥ乗っ取りの際に見られたような、不自然な文章や誤字脱字といった特徴が、ＡＩを利用することで自然な文章に変えられるようになりました。言語モデルの進歩により、ＡＩは文脈を理解し、自然な言葉遣いで会話ができるようになっています。そのため、犯罪者から送られてくるメッセージや文章が、より見破りにくくなっているのです。

従来の犯罪メールでは、不自然な日本語や、過剰に丁寧な言葉遣いなどの特徴がありました。しかし、ＡＩを利用すれば、そうした不自然さを排除し、受信者との関係性に応じた自然な文章を生成することが可能になります。つまり、犯罪者は、ＡＩを利用することで、より巧妙にターゲットを欺くことができるようになったわけです。

また、ディープフェイク技術を使えば、著名人の顔や声を模倣した動画を簡単に作成できます。ディープフェイクとは、ＡＩを用いて、あるデータを別のデータに置き換える技術のことを指します。顔や声などのデータを学習させることで、本物と見分けがつかないレベルの偽造が可能になっています。

例えば、取引先の社長からの新年の挨拶動画を装い、フィッシングリンクを送りつけるといった手口が考えられます。多くの人は、見慣れた顔や声からのメッセージには警戒心を解くため、このような手口は非常に効果的です。また、有名人の顔や声を使った場合、その効果は絶大でしょう。

さらに、ディープフェイクは、フェイクニュースの拡散にも利用される恐れがあります。政治家の発言を捏造したり、事件の映像を改ざんしたりすることで、世論を誘導することも可能です。真偽の判断が難しくなることで、社会的な混乱を招く危険性があるのです。

こうした技術の悪用に対して、判別するのは非常に難しくなってきています。ＡＩによって生成された文章は、人間が書いたものと区別がつきません。ディープフェイク動画も、本物か偽者かを見分けるのは容易ではありません。技術の進歩は、犯罪者にとっても追い風となっているのです。犯罪者は、ＡＩやディープフェイクなどの最新テクノロジーを積極的に取り入れ、いかにして相手を騙してお金を奪うかを考えています。彼らのモチベーションは、企業が効率化のためにＡＩを活用するよりも高いかもしれません。なぜなら、犯罪者にとっては、直接的に金銭的利益に繋がるからですね。

犯罪者は、常に新しい手口を編み出そうとします。法の抜け穴を突き、セキュリティの弱点を突く。そのために、最新の技術を貪欲に学び、悪用する。犯罪者にとって、技術は、より多くの金を稼ぐための手段なのです。彼らは、倫理的な制約に縛られることなく、技術を悪用することを躊躇しません。

一方、企業によるＡＩの活用は、あくまでも効率化や利便性の向上が目的です。コストと効果を天秤にかけ、慎重に導入が進められます。倫理的な配慮も欠かせません。このように、企業と犯罪者とでは、技術に対するスタンスが大きく異なるのです。

歴史的に見ると、多くの新しいテクノロジーが軍事分野から生まれてきました。原子力発電や宇宙開発技術などがその例です。これらの技術は、戦争の脅威に対抗するために開発されたものですが、平和利用にも転用されてきました。しかし、その過程で、技術の負の側面も明らかになってきたのです。

原子力は、エネルギー問題の解決に貢献する一方で、核兵器の脅威も生み出しました。宇宙開発は、人類の可能性を広げる偉業ですが、軍事利用の懸念も払拭できません。ＡＩやディープフェイクも、同様の道をたどるかもしれません。

ＡＩやディープフェイクは、利用方法によっては危険な兵器となり得ます。自律型兵器の開発や、国家レベルでの世論操作など、軍事利用の可能性は否定できません。サイバー戦の脅威も高まっています。技術が高度化すればするほど、その脅威は増大するのです。

私たちは、これらの技術がもたらす便利さや効率化だけでなく、その危険性についても十分に理解し、対策を講じていく必要があります。ＡＩやディープフェイクは、諸刃の剣といえます。適切に利用すれば、社会に大きな恩恵をもたらしますが、悪用されれば、取り返しのつかない被害を生み出しかねません。

犯罪者の手口は日々巧妙化しており、油断は禁物です。個人情報の管理や、不審なメッセージへの対応など、一人ひとりが意識を高めていくことが求められています。サイバーセキュリティの知識を身につけ、日頃から警戒心を持つことが大切です。

同時に、法整備や技術的な対策など、社会全体での取り組みも不可欠でしょう。ＡＩやディープフェイクに関する法規制の整備や、偽情報の拡散防止策など、官民が連携した対策が必要です。また、ＡＩを検知するＡＩの開発など、技術的な対抗手段の研究も進めていかなければなりません。

教育の面でも、ＡＩリテラシーの向上が急務といえます。ＡＩやディープフェイクの仕組みや影響について、正しい知識を持つことが重要です。メディアリテラシーの育成も欠かせません。情報を鵜呑みにせず、批判的に吟味する力を養うことが求められるでしょう。

AIやディープフェイクがもたらす脅威に対し、私たちはどのように立ち向かっていくべきなのか。技術の進歩は、私たちに新たな課題を突きつけています。便利さの陰に潜む危険を直視し、賢明に対処していくことが、これからの社会に求められているのではないでしょうか。

技術と人間の関係を再考し、技術の負の側面をいかにコントロールするか。AIやディープフェイクの脅威は、そんな根源的な問いを私たちに投げかけているのかもしれませんね。社会の在り方そのものが問われる中、一人ひとりが真剣に向き合い、知恵を出し合っていくことが必要です。

AIやディープフェイクの脅威に立ち向かうには、技術的な対策だけでは不十分です。倫理観や価値観の醸成、社会システムの再設計など、総合的なアプローチが欠かせません。私たちは今、技術と人間の共生の在り方を模索する岐路に立たされているのかもしれません。

第8章 悪名高きハッカー集団との攻防戦

BlackCatによるサイバー攻撃、セキュリティ専門家との攻防戦

最近では高度な技術力を持つハッカー集団の存在は、企業にとって大きな脅威となっています。

特に、BlackCatというハッカー集団は、過去にバンダイナムコHD[*24]のグループ会社やReddit[*25]などに攻撃を行ったことで知られています。BlackCatは「ALPHV[*26]」や「Noberus」としても知られ、「Scattered Spider」というハッキング集団と協力して大企業をターゲットにした攻撃を行っていると告発されています。

BlackCatは、ランサムウェアを用いた攻撃を得意としており、感染したシステムのデータ

を暗号化し、身代金を要求します。身代金の支払いに応じなければ、暗号化されたデータをもとの状態に戻す（復号化）するための鍵を提供しないという手口で、多くの企業を脅迫してきました。身代金の要求額は、数百万円から数億円に上ることもあり、企業にとって大きな経済的損失となっています。

BlackCat の攻撃手法は巧妙で、例えば、脆弱性のあるツールを意図的に導入させ、そこから攻撃を仕掛けるといった手口が確認されています。供給元を装った偽のメールを送り、不正なソフトウエアのダウンロードを促す。あるいは、正規のソフトウエアのアップデートファイルを改ざんし、マルウエアを仕込む。こうした巧妙な手口により、企業の防御網を突破するのです。

また、インターネット回線を利用して作る、仮想の専用ネットワーク（VPN）[*27]やファイアウォールなどのセキュリティ機器のアップデートを怠っている企業が多いことも、攻撃を受けやすい要因の一つとなっています。セキュリティ機器は、常に最新の状態に保つ必要がありますが、手間やコストを理由に、アップデートを後回しにする企業が後を絶ちません。古いバー

＊24　HD（Holdings）＝持ち株会社。
＊25　Reddit＝アメリカ発の掲示板型SNSサービス。
＊26　ALPHV＝BlackCat の別名。RaaS形態のランサムウエア。
＊27　VPN（Virtual Private Network）＝仮想専用通信網。

ジョンのソフトウエアには、既知の脆弱性が存在することが多く、ハッカーにとっては格好の攻撃対象となってしまうのです。

実際に、ある大手製造企業がBlackCatから攻撃を受けた際には、私どもアクトのセキュリティ専門家チームが24時間態勢で対応に当たりました。攻撃の痕跡を分析し、通信の遮断や権限の変更など、あらゆる手を尽くして攻撃を阻止する必要がありました。この過程では、セキュリティエンジニアとハッカーの間で、まるで映画のような攻防戦が繰り広げられました。

我われのチームは、感染したシステムを特定し、ネットワークから切り離すことから始めました。同時に、攻撃の経路を分析し、侵入された箇所を特定する作業を進めます。ログデータを分析し、不審な通信がないかを確認。ファイアウォールのルールを見直し、不要なポートを閉じる。こうした地道な作業の積み重ねが、被害を最小限に抑える鍵となるのです。

一方、ハッカー側も黙ってはいません。我われの対策を察知すると、別の経路から攻撃を仕掛けてきます。あるいは、データの破壊を始めることで、身代金の支払いを迫ります。我われは、こうした攻撃にも冷静に対処しながら、システムの復旧作業を進めていきました。

この攻防戦は、数日間に及ぶ熾烈なものとなりました。我われは、睡眠時間を削り、休むことなくシステムの監視と分析を続けます。一方、ハッカー側も、新たな手口を次々と繰り出してきます。技術力と知恵を駆使した、文字通りの戦いだったのです。

結果的に、製造拠点の一部がダメージを受けたものの、販売管理システムは守られ、売上への影響を最小限に抑えることができました。早期の発見と、迅速な対応が奏功したといえるでしょう。もし何も対策をとらなければ、全国の販売店の営業が止まり、売上がゼロになっていた可能性もあります。

攻撃を受けた企業の担当者は、「我われだけの力では、到底太刀打ちできなかった」と語ります。セキュリティ専門家の支援なくして、被害を食い止めることはできなかったでしょう。事後の分析でも、高度なハッキング技術が用いられていたことが明らかになっています。

このように、サイバー攻撃は企業にとって大きな脅威となっています。特に、BlackCat のようなハッカー集団は国際的に活動しており、捜査当局の手が及びにくいのが現状です。サイバー犯罪は、国境を超えて行われるため、一国の法律では対処が難しいのです。各国の捜査当局が連携し、情報を共有しながら、対策を講じていく必要があります。

また、ハッカー集団の中には、国家の支援を受けているとされるグループもあります。サイバー攻撃が、国家間の争いの手段として用いられるケースも増えていることがわかりますね。こうした背景からも、サイバーセキュリティは、もはや一企業の問題ではなく、国家安全保障上の重要な課題といえるでしょう。

企業は日頃からセキュリティ対策を怠らず、万が一の際には速やかに専門家の助けを求めることが重要です。セキュリティ機器やソフトウエアへの投資は、コストではなく、必要不可欠な投資と認識すべきです。また、定期的なセキュリティ監査の実施や、インシデント対応計画の策定など、平時からの備えも欠かせません。

加えて、セキュリティ機器のアップデートや、従業員のセキュリティ意識の向上など、地道な対策を続けていくことが求められます。

私たち一人ひとりが、サイバーセキュリティの重要性を認識し、できる対策を講じていくことが、安全なデジタル社会の実現に繋がるのです。自分の情報を守ることは、社会全体の安全に繋がります。一人ひとりが意識を高め、行動を変えていく。そうした地道な努力の積み重ねが、サイバー攻撃の脅威に立ち向かう原動力となるのではないでしょうか。

サイバー空間の安全は、もはや一部の専門家だけの問題ではありません。企業も、政府も、そして私たち一人ひとりも、その責任の一端を担っているのです。技術の進歩がもたらす恩恵を享受しつつ、そのリスクにも向き合う。そんな成熟した社会の実現に向けて、今、私たちができることは何か。BlackCat の脅威は、そんな問いを私たちに投げかけているのかもしれません。

アクトの取り組み、保険会社と連携したセキュリティ対策

サイバー犯罪者の中には、自分の行為が犯罪だという意識の薄い者も少なくありません。まるで、オレオレ詐欺では役割が分担されているため、一部の関与者は自分が犯罪に加担しているという認識が希薄なことに似ています。また、高額バイトの感覚で犯罪に手を染める者もいます。こうした犯罪者の心理を理解することは、サイバー犯罪の防止に繋がるでしょう。

特に、海外に拠点を置くハッカー集団は、国外にいるために捕まえにくく、痕跡を残さないように巧妙に活動しています。こうしたハッカー集団による攻撃は、企業にとって大きな脅威となっています。国境を超えた犯罪に対処するためには、国際的な協力体制の強化が不可欠です。各国の法執行機関が連携し、情報を共有することで、ハッカー集団の活動を封じ込めることができるでしょう。

実際に、4章で堀江さんが解説していただいた大手企業の事例以外にも、ある大手薬品メーカーが大量の自社が所有する設備・建物内のオンプレミスサーバーをハッキングされるという事件がありました。薬品メーカーが大量のオンプレミスサーバーで管理する重要なデータといえば、臨床試験中の製薬データが考えられます。もしこうしたデータが流出すれば、株価に大きな影響を与えかねません。企業は、自社の保有する情報の重要性を認識し、それに見合った

セキュリティ対策を講じる必要があります。

また、ソニーグループのゲーム会社も、ハッカー集団「Rhysida」による攻撃を受け、130万以上のファイルが流出する被害に遭っています。流出したファイルには、マーベル作品に関連する新作ゲームの開発情報なども含まれていたともいわれています。こうした情報漏洩は、企業にとって多額の損害賠償リスクを伴います。情報管理の徹底と、サイバー攻撃に対する防御力の強化が求められます。

サイバーリスクに備えるため、保険会社ではサイバーリスク保険を提供しています。この保険では、ハッキング被害に遭った際の復旧費用や弁護士費用、改修費用などが補償されます。ただし、身代金の補償は対象外であることが多いようです。サイバー攻撃の手口が高度化する中、保険による補償だけでは不十分です。

問題は、サイバー攻撃の被害が多発していることです。そのため、サイバーリスク保険は保険会社にとって高リスクな商材となっており、保険料の上昇や加入条件の厳格化が進んでいます。保険会社としても、引き受けるリスクをコントロールする必要があるのでしょう。加入企業のセキュリティ対策状況を評価し、一定の基準を満たした企業のみを対象とするなどの工夫が考えられます。

こうした状況を受け、私どもアクトでは保険会社と提携し、弊社のセキュリティサービスを導入した企業に対して、保険料を割り引くという取り組みを行っています。弊社のサービスを利用することで、サイバー攻撃のリスクが低減されるため、保険会社にとってもメリットがあるのです。アクトでは、セキュリティ対策と保険の両輪で、企業のサイバーリスク対策を支援しています。

セキュリティ対策の強化はもちろん、万が一の被害に備えた保険の活用など、多角的な対策が求められます。加えて、サイバー犯罪に対する社会的な意識の向上も重要です。一人ひとりが自分の行動を振り返り、サイバー犯罪に加担することのないよう、注意を払う必要があるでしょう。政府や教育機関、企業が連携し、サイバー犯罪の防止に向けた啓発活動を推進することが望まれます。

技術の発展に伴い、サイバー犯罪の手口も進化し続けています。企業は、最新の脅威情報を収集し、適切な対策を講じていく必要があります。セキュリティ専門家との連携や、従業員教育の徹底など、組織を挙げてサイバーリスクに立ち向かう体制作りが求められるでしょう。サイバー空間の安全を確保することは、企業の発展にとって不可欠な要素となっているのです。

イスラエル発のセキュリティ技術で日本企業を守る

私どもアクトは、イスラエル発のセキュリティ製品をパートナーとして取り扱っています。イスラエルは常に紛争状態にあるため、セキュリティ技術が非常に高いのです。この国では、サイバー攻撃は日常茶飯事であり、国家の存亡に関わる重大な脅威として認識されています。そのため、イスラエルのセキュリティ企業は、最先端の技術を駆使して、高度な攻撃に対抗するためのソリューションを開発しているのです。アクトでは、その製品を自社のセキュリティサービスと組み合わせて、セキュリティシステムを運用しています。

この状況は警備会社のサービスに例えるとわかりやすいでしょう。警備会社はドアや窓にセンサーを付け、異常があればアラートが鳴ってセンターに通知されます。そして、最寄りの警備員が現場に急行するというシステムです。アクトでは、そのセンサーの役割をイスラエル製の製品が担い、監視員の役割をセキュリティエンジニアが遠隔で行っているのです。この製品は、エンドポイントの振る舞いを常時監視し、不審な動きを検知すると即座にアラートを発します。弊社のエンジニアは、そのアラートを監視し、異常が確認された場合は、速やかに対処します。

アラートが鳴っても自社で対処できる企業は限られています。金融機関やインフラ系の企業などは、セキュリティ事案のレベルが高いため、自前で対策を講じていますが、製造業の大手でさえ自社だけでは対応が難しいのが現状です。サイバー攻撃の手口は日々進化しており、専門知識を持ったエンジニアでなければ、適切な対策を講じることは困難です。また、24時間365日の監視体制を自社で構築するのは、コストの面でも現実的ではありませんよね。

今やサイバー攻撃を受けるのは前提となっています。従来のウイルス対策製品は、新型コロナウイルス対策でいうマスクのようなものです。マスクである程度は防げますが、ウイルスが体内に入ってしまえば発症してしまいます。そこで、弊社ではワクチンや特効薬のような役割を果たすサービスを提供しているのです。感染しても拡大させず、すぐに手当てができる体制を整えています。具体的には、ネットワークの分離や、重要データのバックアップ、感染端末の隔離などの対策を速やかに実施することで、被害を最小限に抑えることができます。

ただ、ランサムウエアなどで暗号化され、データが凍結されてしまうと、もはや手遅れです。そうなると復旧には多額の費用がかかります。詳細な調査を実施する場合、パソコン1台当たり100万円以上、100台で1億円、1000人規模の企業なら10億円もの費用が必要になるのです。しかし、そのような事態に陥った企業の多くは、ログが残っていないため、どのように攻撃されたのかがわからず、泥棒に入られたのに指紋も足跡も残っていない状態なのです。そうなると、もう身代金を支払うか、システムを再構築するしか方法がありません。このような事態を避けるためにも、日頃からログを取得し、攻撃の活動を検知・防御できるようにしておくことが重要です。

弊社は、そのような観点から、最新のセキュリティ製品と運用ノウハウを組み合わせたサービスを提供しているのです。イスラエル発の先進的な技術と、日本のエンジニアの緻密な運用体制の融合により、企業のサイバーセキュリティを多層的に展開しています。

サイバー空間の脅威は、もはや一企業だけの問題ではありません。サプライチェーンを通じて、取引先にも被害が及ぶ可能性があります。また、産業スパイや国家的な諜報活動など、サイバー攻撃の背景には様々な目的が潜んでいます。こうした複雑な脅威に立ち向かうためには、専門家の力を借りることが不可欠です。弊社は、長年培ってきたセキュリティ運用の知見を活かし、企業のサイバーセキュリティを全方位でサポートしています。

サイバー攻撃は侵入されることを前提の対策でダメージを最小限に

先述した通り、近年ではサイバー攻撃による被害が深刻化しており、ハッカーに侵入され、身代金を要求されるケースも増えてきました。身代金を支払わなかった場合、暗号化されたシステムを回復できないリスクがあります。さらに、身代金を支払ってシステムを取り戻したとしても、次は公表を避けるための身代金を要求されたり、個人情報の流出を防ぐための身代金を要求されたりと、三重の脅しにさらされる可能性もあるのですからたまったものではありません。このような攻撃は、企業の信頼性を大きく損ない、取り返しのつかない損害を与えかねません。

このような状況の中、企業はサイバー攻撃を前提とした対策をとることが求められています。侵入を完全に防ぐことは現実的に難しいため、いかに早期に侵入を検知し、適切な対処を行うかが重要となります。例えば、従業員のメールを使った訓練を行い、不審なメールを開いてしまう割合を減らすことは有効です。しかし、巧妙なメールを作成するＡＩも存在するため、完全に防ぐことは困難です。また、ソーシャルエンジニアリングと呼ばれる手法を用いて、従業員を騙して情報を引き出すケースもあります。こうした人的な脆弱性を突いた攻撃に対しては、リスクをゼロにすることはできません。

そこで重要となるのが、侵入後の対策です。侵入されても、すぐに検知して隔離することで、被害を最小限に抑えることができます。例えば、従業員のパソコンが侵入された場合でも、一般ユーザー権限しか持っていなければ、さらなる攻撃活動を抑止することができるのです。また、ネットワークを分割し、重要なシステムを隔離することも有効な手段です。万が一、一部のシステムに侵入されても、他のシステムへの影響を防ぐことができます。

さらに、多要素認証の導入も重要です。パスワードだけでなく、生体認証や物理的なトークンを組み合わせることで、不正アクセスのリスクを大幅に減らすことができます。特に、管理者権限を持つアカウントには、厳重な認証を適用すべきでしょう。

加えて、定期的なバックアップの実施も欠かせません。万が一、データが暗号化されたり破壊されたりしても、バックアップからの復旧が可能です。ただし、バックアップ自体がサイバー攻撃の対象となる可能性もあるため、バックアップデータの保管場所や暗号化にも注意が必要です。

また、最新のセキュリティ製品では、ＡＩを活用して不審な行動パターンを検知する技術も導入されています。顔の整形手術などで見た目を変えても、歩行分析や声紋分析によって犯人を特定することが可能になってきたわけです。ただし、これらのアラートを適切に判断するには、セキュリティエンジニアの高度な知見が必要不可欠です。単なるアラートの羅列では、かえって現場の負担を増やすだけです。セキュリティエンジニアが、アラートの優先度を適切に判断し、対処方法を指示することが重要となります。

加えて、セキュリティ対策は企業内だけでは不十分です。取引先や委託先のセキュリティ対策状況も把握し、必要に応じて改善を求めることが重要です。サプライチェーン全体でセキュリティ対策を講じることで、より強固な防御が可能となります。

また、セキュリティ対策は経営層の理解と支援が不可欠です。サイバー攻撃による被害は、企業の存続にも関わる重大な問題です。経営層がセキュリティ対策の重要性を認識し、適切な投資を行うことが求められます。

セキュリティ対策は、侵入を前提とした上で、いかに早期に検知し、適切な対処を行うかが鍵となります。ＡＩによる不審な行動の検知と、セキュリティエンジニアによる適切な判断が、企業を守る上で重要な役割を果たすのです。サイバー攻撃の脅威は日々高まっていますが、適切な対策をとることで、被害を最小限に抑えることができるでしょう。企業は、セキュリティ対策を経営上の重要課題と位置付け、全社を挙げて取り組む必要があります。そうすることで、サイバー空間の脅威に立ち向かい、ビジネスの継続性を確保することができるのです。

第9章 結局、コスパが高い対策方法って？

お客様の業務形態に合わせたＥＤＲ監視体制の選択が重要

弊社の提供する製品の一つに、ＥＤＲ（Endpoint Detection and Response）というものがあります。ＥＤＲは、ネットワークに接続されたＰＣやサーバーといったデバイス（エンドポイント）を継続的に監視し、脅威を検出して自動的に対応するサイバーセキュリティの手法です。ランサムウエアなどの攻撃を早期に発見し、被害を防ぐために重要な役割を果たします。

ＥＤＲは、例えるならば、窓が割られたり、誰もいないはずなのにドアが勝手に開いたりといった不審な行動を検知してアラートを鳴らすようなものです。犯罪記録が登録されていない初犯の人であろうが指名手配犯であろうが、そういった行動そのものを検知するので、実際に何か悪事を働く前の段階で気づくことができるのが大きなメリットです。

ＥＤＲを選ぶ際には、世界中にある第三者評価を参考にすることが重要です。評価の高いソフトを選ばないと、十分な効果が得られず、コストに見合った価値を発揮できません。例えば、特徴的な不審行動を98％検知できるソフトと、50％しか検知できないソフトとでは、大きな差があります。そのため、なるべく性能の高い製品を選ぶことが肝要だと考えています。

ＥＤＲの評価基準としては、MITRE ATT&CKというものがあります。これは、MITRE Foundationというアメリカの非営利第三者機関が、数百項目にも及ぶテストを行い、その結果を集計して毎年公表しているものです。また、製品の評価が前年から下がっているかどうかも重要なポイントです。資金繰りの問題や人材不足、買収や売却の予定などが背景にある可能性もあるからです。

ＥＤＲによる攻撃検知は重要ですが、それだけでは不十分です。例えるならば、警備会社が設置した警報装置が鳴っただけでは意味がないのと同じで、実際に駆けつけて状況を確認し、適切な対応を取る必要があります。しかし、その判断を下すには専門的な知識が必要であり、自社のエンジニアでは対応が難しいケースが多いのが実情です。そこで、弊社のようなセキュリティ専門のエンジニアがいる会社にその業務を委託することをおすすめしています。

ＥＤＲの運用はＳＯＣ（Security Operation Center）と呼ばれる専門組織に任せるのが一

般的です。ＳＯＣにも、24時間３６５日監視するタイプと、平日日中の時間帯のみ監視するタイプがあり、コストは前者の方が高くなります。弊社では、主に平日日中の時間帯の監視を行っていますが、ＡＩの機能を備えた製品を使用することで、夜間や土日も攻撃の自動防御など、一定レベルの対応が可能となっています。

ただし、24時間３６５日監視の方が安心だからといって、それがベストな選択とは限りません。アラートが上がった際に、お客様側の担当者の確認が必要なケースがあるのですが、夜間や土日だとお客様が不在で確認が取れず、肝心の対処ができないことがあるからです。そのため、お客様の業務形態に合わせて、コストパフォーマンスを考慮しながら、最適な監視体制を選択することが重要だと考えています。

セキュリティ事故の切り分けができるベンダー選定が肝要

ＳＯＣには上記の対応時間の違い以外にも様々なパターンがありますが、大きく分けると二つのタイプに分類できます。一つめは、アラートが上がった際に、センターからお客様に対して推奨される処理や作業、対処法をアドバイスするだけのタイプです。このタイプのＳＯＣは比較的多く見られます。しかし、このような場合、お客様側でセキュリティ対応を自ら行う必要があります。

一方、弊社のSOCでは、お客様の許可を得た上で、問題のないファイルのホワイトリスト登録やネットワーク遮断などの対応を代行しています。また、調査結果のレポートも提供しています。これにより、お客様はコンソールを確認したり、難しい処理を行ったりする必要がなくなります。もちろん、レポートの確認や弊社の対応内容を把握していただく必要はありますが、お客様の負担は大幅に軽減されます。

SOCを比較する際は、価格だけでなく、ベンダーがどこまで業務を代行してくれるのか、お客様側でどの程度の作業が必要なのかを見極めることが重要です。安価なSOCを導入しても、お客様側の対応が追いつかず、結果的にセキュリティ事故に繋がるケースもあります。

また、セキュリティエンジニアの確保も大きな課題です。自社でセキュリティエンジニアを抱えている企業は一部に限られており、多くの企業にとって、専門的なセキュリティベンダーに委託するのが、コストパフォーマンスの面でも有効な選択肢だと考えられます。

さらに、セキュリティ事故が発生した際の問題の切り分けも重要なポイントです。パソコンの挙動がおかしいなどの症状が出た場合、それがハードウエアの問題なのか、ネットワークの不具合なのか、あるいは本当に攻撃を受けているのかを判断するのは容易ではありません。セキュリティベンダーがこの切り分けを適切に行えないと、問題の特定に時間がかかり、攻撃者に猶予を与えてしまうことになります。

弊社では、セキュリティだけでなく、ハードウエアやネットワークの問題も含めて切り分けできる体制を整えています。お客様の窓口を一本化し、クリティカルな状況下で素早く対応できることが、セキュリティとインフラに精通したＩＴベンダーの強みだと考えています。

製品やベンダーの選定に際しては、平時のコストだけでなく、セキュリティ事故発生時の対応フローや切り分け能力、ログの収集状況などを十分に確認しておく必要があります。そうすることで、いざという時に、導入したセキュリティ製品が真に役立つものになるのです。

攻撃者もＡＩを悪用、巧妙な攻撃が予想される時代の到来

現在、セキュリティ製品の分野ではＡＩの活用が進んでいます。ＡＩを用いることで、脅威をいち早く検知したり、不審な行動を分析して特定したりすることが可能になっています。それで多くの企業が自社の製品にＡＩの機能を追加し、セキュリティ対策を強化しているのです。ＡＩは膨大なデータを高速で処理し、パターンを見つけ出すことに長けています。これにより、人間の目では見落としがちな兆候も捉えることができるようになりました。また、ＡＩは24時間３６５日休みなく働くことができるため、常に監視を怠らないセキュリティ体制の構

築が可能になっています。

一方で、フェイクニュースやフェイク画像、フェイクボイスなどの判別にもＡＩが活用され始めています。つまり、ＡＩが作り出したものをＡＩが判別するという構図が生まれつつあるのですね。この傾向は今後さらに進んでいくでしょう。ＡＩは膨大なデータを学習することで、本物と偽物の違いを見抜く力を身につけつつあります。例えば、ディープフェイク動画の検知にＡＩが活用されています。ディープフェイクとは、ＡＩを使って作られた偽の動画のことで、あたかも本人が話しているかのように見せかけることができます。このような動画の判別は人間には非常に困難ですが、ＡＩならば細部の不自然さを見抜くことができるのです。

ただし、攻撃者側もＡＩを悪用して、より巧妙な攻撃を仕掛けてくることが予想されます。ＡＩは便利なツールである半面、悪意ある人間がその機能を利用すれば、これまで以上に攻撃が容易になってしまうのです。例えば、ＡＩを使ってソーシャルエンジニアリング攻撃を行うことが可能になります。ソーシャルエンジニアリングとは、人間の心理的な弱みにつけ込んで、機密情報を引き出したり、不正な行為を促したりする手口のことです。ＡＩを使えば、標的となる人物の興味関心や行動パターンを分析し、巧みに信頼関係を築いていくことができるでしょう。また、ＡＩを使って大量のフェイクアカウントを作成し、ソーシャルメディア上で世論を操作するといったことも可能になります。

そのため、今後は「悪用されるＡＩ」と「それを判別・検知するＡＩ」の合戦のようなものが繰り広げられることになるでしょう。いわゆる「ＡＩ対ＡＩ」の状況が生まれるわけです。セキュリティ企業は、攻撃者が使うＡＩの能力を予測し、それを上回るＡＩを開発していく必要があります。一方で、攻撃者側もセキュリティ企業のＡＩの判別能力を分析し、それを突破する方法を編み出そうとするでしょう。このような攻防は、将棋や囲碁の世界で見られるような、高度な知的ゲームの様相を呈してくるかもしれません。

実際、現時点でもある程度はＡＩ対ＡＩの状況が始まっているといえます。特に初期段階の攻撃、つまり人間を騙すための攻撃にＡＩが使われ始めているのです。従来のセキュリティ対策では、このような攻撃を防ぐことが難しくなりつつあります。なぜなら、ＡＩを使えば、大量の個人情報を収集・分析し、一人ひとりに合わせたメッセージを作成することが可能だからです。例えば、ある人物がＳＮＳ上で犬の写真を多く投稿していれば、犬好きであると推測できます。そこで、犬に関連した話題でメッセージを送りつけるのです。ＡＩを使えば、人間の心理的な隙を突くことが格段に容易になります。

このように、フィッシング詐欺に用いられるメールや画像、音声などをＡＩで巧妙に作成したり、有名サイトを模倣した偽サイトをＡＩで簡単に作り上げたりすることができるようになってきました。これまでは一から作成する必要があったものが、ＡＩを使えば短時間で高い精度のものが作れるようになったのですね。フィッシングメールの文面も、ＡＩが標的となる人物の過去のメールを分析することで、より自然で説得力のあるものにすることができます。また、ＡＩを使って大量の偽サイトを作成し、検索エンジンの上位に表示させるという手口も考えられます。

そして今後は、攻撃そのものにもＡＩが活用されるようになるかもしれません。相手の対処法をＡＩが判別し、それに応じて攻撃方法を変化させるといったことが現実味を帯びてくるでしょう。例えば、ある企業のセキュリティシステムがどのような脅威に反応するかをＡＩが分析し、それを回避するような攻撃を行うことが可能になるかもしれません。また、ＡＩを使って大量の攻撃を同時に仕掛け、セキュリティシステムを混乱させるといったこともできるようになるでしょう。

このように、ＡＩを用いた攻撃と防御の競争は既に始まっており、今後さらに激化していくことが予想されます。企業はＡＩを活用したセキュリティ対策を強化する一方で、ＡＩの悪用にも注意を払う必要があるのです。ＡＩ対ＡＩの時代が到来しつつある中で、いかに効果的なセキュリティ対策を打ち立てていくかが重要になってくるでしょう。

そのためには、セキュリティ専門家とＡＩの専門家が協力し、最新の脅威に対抗できるシステムを構築していく必要があります。また、従業員教育も重要です。ＡＩを使った巧妙な攻撃に惑わされないよう、日頃から注意を喚起していく必要があるでしょう。

加えて、ＡＩの悪用を防ぐための法整備も求められます。ＡＩの開発や利用に関するガイドラインを設け、悪意ある利用を抑止していく必要があるのです。また、ＡＩを悪用した犯罪に対する厳しい罰則を設けることも検討すべきでしょう。

ＡＩ対ＡＩの時代において、企業がサイバー攻撃から身を守るためには、技術的な対策だけでなく、人的な対策、法的な対策など、多角的なアプローチが欠かせません。セキュリティ対策は企業の存続に関わる重要な課題です。ＡＩの力を活用しつつ、ＡＩの脅威にも備えていくことが、これからのセキュリティ対策に求められているのです。

侵入早期検知と認証強化でセキュリティリスクを最小限に

セキュリティ対策において、コストパフォーマンスを高めるためには、まず侵入された際にいかに早期に検知し、対応できるかが重要になります。また、ハッカーの侵入を完全に防ぐことは難しいため、侵入口対策だけでは不十分です。多層防御の考え方に基づき、侵入を前提とした対策を講じることが求められます。例えば、ネットワークを分割し、重要なシステムを隔離することで、たとえ一部のシステムに侵入されても、被害を最小限に抑えることができます。また、ログの取得と分析も欠かせません。不審な動きを検知した際に、速やかに原因を特定し、対処するためには、十分なログが必要不可欠です。

そこで注目されているのが、認証システムの強化です。二段階認証や多要素認証を導入することで、たとえIDとパスワードが盗まれても、追加の認証手段がなければ不正アクセスを防げます。SMSやFace ID[*28]、Google Authenticatorなどを活用したワンタイムパスワードの仕組みを整備することが効果的です。パスワードを使い回す傾向がある中で、認証システムの強化は必須といえるでしょう。特に、管理者権限を持つアカウントには、厳重な認証を適用すべきです。また、パスワードの定期的な変更や、一定回数以上の認証失敗によるアカウントのロックなども考慮する必要があります。

次に、従業員のソフトウエアのインストール権限や各種アクセス権限の管理も重要なポイントです。一人ひとりに対して管理するのは手間がかかるため、多くの企業では「何でも許す」か「何も許さない」の二択になりがちです。前者は管理が緩くなり、後者は承認フローに工数がかかるというデメリットがあります。また、権限の設定ミスや、権限の付与・剝奪の漏れなどのヒューマンエラーも発生しやすくなります。

＊28　Face ID＝アメリカのApple社が開発している、顔認証システム。

このような状況を解決してくれるのが、ＩＤ管理やＩＤ管理をクラウド上で行うＩＤａａＳ[*29]（Identity as a Service）と呼ばれる製品群です。これらのサービスを利用することで、各メンバーの権限を一元的に管理できます。必要な権限を持つメンバーにのみ、適切なアクセス権を付与することができるため、セキュリティを維持しつつ、運用の効率化も図れます。例えば、部署ごとにグループを作成し、そのグループに対して必要な権限を付与するといった管理が可能になります。これにより、個人ごとに権限を設定する手間が省けます。

例えば、新入社員にはあらかじめ設定された権限のセットを一括で付与したり、退職者のアクセス権を一括で削除したりといった管理が可能になります。個別のＳａａＳ製品ごとに手動で設定する必要がなくなるため、工数を大幅に削減できるのですね。また、権限の変更履歴を記録できるため、不正な権限の付与や剝奪を防ぐこともできます。

また、いつもは東京からのアクセスだったのに今日は突然ブラジルからアクセスがあった場合はＩＤａａｓ側で怪しいと判断しアクセスを制御したりできます。

弊社でも提供しているJumpCloudという製品は、ＩＤａａＳに加えて、ＭＤＭ[*30]（Mobile Device Management）の機能も備えています。これにより、遠隔でのデバイス管理や消去なども可能になり、セキュリティ対策の幅が広がります。例えば、紛失したスマートフォンをリモートでロックしたり、データを消去したりすることができます。また、デバイスのセキュリティ設定を一括で適用することもできるため、セキュリティポリシーの徹底が容易になります。加えて、シングルサインオン（ＳＳＯ）[*31]の機能も重要です。ＳＳＯを導入することで、ユーザーは一度の認証で複数のサービスを利用できるようになります。これにより、利便性が向上するだけでなく、パスワードの管理も簡単になります。また、ＳＳＯを利用することで、アクセスログの取得や分析も容易になるため、不審な動きを検知しやすくなります。

ただし、これらのツールを導入するだけでは不十分です。適切な運用体制を整え、定期的な監査を行うことも重要です。例えば、アクセス権限の棚卸しを定期的に実施し、不要な権限の削除や、権限の適正化を図る必要があります。また、ツールの設定ミスがないか、定期的にチェックすることも欠かせません。

セキュリティ対策は、導入や運用にコストがかかるというイメージがありますが、適切なツールを活用することで、コストパフォーマンスを高められます。認証システムの強化とＩＤ管理の一元化は、セキュリティ対策の要となる取り組みです。自社に合ったサービスを選定し、着実に導入していくことが求められるでしょう。

＊29　ＩＤａａＳ（Identity as a Service）＝クラウド上の様々なサービスのＩＤ管理を一元的に行うクラウドサービス。
＊30　ＭＤＭ（Mobile Device Management）＝スマートフォンやタブレットなどのモバイルデバイスを管理するシステム。
＊31　ＳＳＯ（Single Sign On）＝１度のユーザー認証で複数のシステムの利用が可能になる仕組み。

第10章 セキュリティにもかかりつけ医が必要

予防医療とセキュリティ対策の類似性

セキュリティ対策は予防医療に似ています。そこで弊社では、「セキュリティかかりつけ医」というサービスを提供しています。セキュリティ分野でも、身近にいてもセキュリティに関して何でも相談できるかかりつけ医と同様のＥＤＲ（Endpoint Detection and Response）やＳｏＣ（System-on-a-chip）といったサービスがあり、怪しいウイルスを検知してアラートを出すなど、専門のエンジニアが監視・判断を行っています。また、ＵＴＭ（Unified Threat Management）やＩＤａａＳは、ウイルスの侵入自体を防ぐ役割を果たしており、マスクや手洗い、うがいに似た予防的な側面があります。

医療とセキュリティの共通点として、専門家でなければ判断が難しい点があります。セキュリティ分野でも、専門家による診断と判断が不可欠であり、健康診断のように定期的な診断を行うことで、企業のセキュリティ状況を把握することができます。

予防医療とセキュリティ対策の類似性として、両方共に、リスクの早期発見と適切な対処が重要であり、専門家によるサポートが欠かせない面があります。

弊社の「セキュリティかかりつけ医」サービスは、それぞれの分野で予防と早期対処を促進する役割を果たしています。

今後、予防医療とセキュリティ対策の重要性がますます高まる中で、弊社のサービスは社会に大きく貢献することが期待されます。専門家による定期的な診断と適切なアドバイスを提供することで、個人や企業のリスク管理を支援し、より安全で健康な社会の実現に寄与するでしょう。

セキュリティ問題は専門家に相談、初期対応が被害拡大防ぐ鍵

医療分野では、専門領域ごとに優れた医師がいます。脳外科や心臓外科などの専門医の存在は知られていますが、一般の人は医師を一括りに捉えがちです。実際には、専門分野によって

得意な病院や医師が異なります。

ところが症状があったときに、どの診療科を受診すべきかわからないことが多いのが現状です。まず、症状から適切な診療科を選択し、次にクリニックレベルで十分なのか、大学病院での検査が必要なのかを判断しなければなりません。さらに、大学病院の中でもその病気に強い病院を見つけることは容易ではありません。これらの障壁が、病院への受診を躊躇させる要因となっています。

セキュリティの分野でも同様の問題があります。パソコンの動作がおかしいと感じたとき、多くの人は普段付き合いのあるＩＴベンダーに相談します。しかし、セキュリティ専門家でなければ適切な判断ができない場合があります。セキュリティの専門家であれば、問題の深刻度を判断し、適切な対処方法を提案することができます。初期対応を誤ると、被害が拡大してしまう可能性があるため、セキュリティの専門家に相談できる仕組みが重要です。

日本と海外では、かかりつけ医の普及率に大きな差があります。欧米では体の不調があればまずかかりつけ医に相談し、必要に応じて専門医を紹介してもらう仕組みが定着していますが、日本では45歳未満でかかりつけ医がいる人は3割台といわれており、ほとんどの人がかかりつけ医を持っていません。（※）

※　日本医師会総合政策研究機構『日医総研ワーキングペーパー　第7回　日本の医療に関する意識調査』（ht

tps://www.jmari.med.or.jp/wp-content/uploads/2021/10/WP448.pdf)

さらに、かかりつけ医と呼ばれている医師の多くは、風邪のときに薬を処方してくれる程度の関係であり、真の意味でのかかりつけ医とは呼びにくいと思えます。

セキュリティ業界でも、日本は欧米に比べて遅れているといわれています。欧米では厳しいセキュリティ規制があり、対策を怠ると罰金が科せられるなどの制度が整備されています。一方、日本はGDPが高く豊かな国であるにもかかわらず、セキュリティ対策が不十分であるため、悪意のあるハッカーから狙われやすい状況にあります。

セキュリティ対策の普及は、日本全体のセキュリティレベルを向上させ、ハッカーが日本を狙いにくくする効果があります。セキュリティ対策の重要性を啓蒙し、社会全体で取り組んでいくことが求められています。

セキュリティ対策も長期視点が重要、経営者の先見力が問われる

多くの企業がセキュリティ問題に直面した際、適切な相談先を持っていないのが現状です。セキュリティの問題かどうかを判断することすら難しく、パソコンの不具合だと思ってパソコ

ン納入業者に相談したり、ソフトウエアのライセンス提供元に問い合わせたりするケースが多いのですね。しかし、セキュリティエンジニアは日本でも不足しており、適切な判断ができる会社は限られています。大きな事故を防ぐためにも、セキュリティに精通した専門的な知識を持つ会社と関係を築くことが重要です。

医療の世界でも、専門外の人からのアドバイスを鵜呑みにすることが問題になっています。例えば、ある人にとって良い健康法が、別の人に適しているとは限りません。むしろ害になる可能性もあります。適切なアドバイスを得るためには、その道のプロに相談することが不可欠です。セキュリティの分野でも同様に、専門家の判断が欠かせません。

セキュリティ対策は、売上や利益に直結しないため、経営者が投資に消極的になりがちです。しかし、健康経営の概念が広まりつつあるように、従業員の健康に投資することで生産性が向上し、業績が伸びるという考え方があります。その理由は、長期的な視点を持ち、中長期的な観点から人材を大切にする経営者が多いからだと考えられます。

例えば3カ月以内に社員が亡くなるリスクは1％未満かもしれませんが、30年以内なら確率は高くなります。そのリスクに備えることができるかどうかは、経営者の先見力によります。健康に投資する企業が業績を伸ばしているのは、生産性の向上だけでなく、そうした長期的な視点を持つマインドが影響していると考えられます。

このような健康経営を行うことは、採用活動でのアピールポイントにもなっているので、優秀な人材の確保に繋がります。社員の健康を大切にする企業文化は、離職率の低下にも寄与するでしょう。

セキュリティ対策についても、DXとの関連性が指摘されています。DXを進めるほどセキュリティリスクは高まるため、セキュリティ対策を考えられない企業はDX自体もうまくいかず、生産性が落ちる傾向にあります。長期的な企業の発展を考えると、セキュリティ対策は欠かせない要素だといえます。

経営層がセキュリティの重要性を理解し、長期的な視点から投資を行うことが、企業自体の健康の維持に繋がります。医療とセキュリティ、両分野に共通するのは、専門家の知見を活用し、長期的な視点で対策を講じることの重要性です。これからの時代を生き抜く企業は、こうした視点を持つ経営者によって導かれていくのではないでしょうか。

体調不良やシステム異常、すぐ相談できる専門家の存在が重要

健康管理を怠ることによる悪影響は、早死にや重大な病気による後遺症など、イメージしやすいものがあります。一方、セキュリティ対策を怠った場合の企業への悪影響としては、身代

金の要求によって多額の金銭的損失を被ることや、個人情報流出による信頼の失墜から売上や利益が激減することなどが挙げられます。

だからこそ、体調の変化やシステムの異常に気づいたときに、すぐに相談できる専門家の存在が重要なのです。適切な判断を仰ぐことで、被害の拡大や後遺症を防ぐことができます。また、緊急時の対応を誤ったり、問題を放置したりすることは、最悪の場合、死に至る可能性や倒産に繋がってしまう可能性さえあります。

さらに、健康管理やセキュリティ対策において、そもそも何が課題なのかを自分で認識することが難しい場合があります。プロの目から見れば明らかな問題が、本人には自覚がないこともあるのです。そのため、専門家に能動的に状態を確認してもらうことが大切です。

例えば、心筋梗塞の前兆である狭心症は、一時的な胸の痛みが特徴ですが、多くの人はその症状を軽視してしまいがちです。しかし、医師の診断を受ければ、将来の心筋梗塞のリスクを発見できる可能性があります。セキュリティの分野でも同様に、ハッキングの被害が表面化する前に、何らかの予兆があるはずです。その予兆を捉え、早期に対処することが被害を最小限に抑える鍵となります。

健康管理とセキュリティ対策、両方の分野に共通するのは、予兆段階で問題に気づき、速やかに対処することの重要性です。そのためには、日頃から専門家と連携し、気軽に相談できる関係を築いておくことが不可欠なのです。

弊社では「セキュリティかかりつけ医」サービスを開始し、中小企業にも負担にならない低価格でご提供しています。また、スタートアップ企業様向けには特別価格のキャンペーンも実施しています。

弊社のサービスを活用していただくことで、会社の健康状態を常に良く保ち、中長期的な会社の発展に寄与できればと考えております。

第11章 サイバーセキュリティを制するものが、DX経営を制する

セキュリティ対策とDX化の両立が企業の持続的成長を実現する

近年、多くの企業がデジタルトランスフォーメーション（DX）を推進しています。DX化を進めることで、業務の効率化や生産性の向上、そしてコスト削減などのメリットが期待できるからです。しかし、DX化を進めるに当たって、セキュリティ対策の重要性が軽視されがちです。

確かに、セキュリティ対策自体は直接的に売上や利益の増加に繋がるものではありません。そのため、多くの経営者がセキュリティ対策を保険的な意味合いでしか捉えていないのが実情です。しかし、各種調査によると、セキュリティ対策と事業成長には相関関係があることが示

唆されています。例えば、総合コンサルティング企業アクセンチュア社の最新調査『サイバーセキュリティレジリエンス最新レポート２０２３』によれば、サイバーセキュリティへの取り組みにおいて先進的な企業はそうではない企業に比べ、より効果的なＤＸを実現する可能性が約6倍近く高くなると報告しています。（※）

※　アクセンチュア社『サイバーセキュリティレジリエンス最新レポート２０２３』（https://www.accenture.com/jp-ja/insights/security/state-cybersecurity）

その理由は、成長している企業はＤＸ化を進めており、同時にＤＸ化に伴うセキュリティリスクが増大することにあります。ＤＸ化により、データがクラウドに保存され、様々な場所からアクセス可能になります。テレワークの普及により、社内外からのアクセスも増えています。このような環境では、サイバー空間を通じてデータが盗まれるリスクが高まります。実際、厚生労働省が実施した調査では、テレワーク導入企業の約半数が、セキュリティ対策の不十分さを課題に挙げています。（※）

※　厚生労働省『テレワークを巡る現状について』（https://www.mhlw.go.jp/content/11911500/000662173.pdf）

また、総務省の調査では、クラウドサービスを導入していない企業の約3割が、セキュリティに不安があると答えています。

※　総務省『特集　5Gが促すデジタル変革と新たな日常の構築』（https://www.soumu.go.jp/johotusintokei/whitepaper/ja/r02/pdf/02honpen.pdf）

かつては、個人情報は物理的な紙媒体で保管されていたため、盗難のリスクは限定的でした。しかし、現在では個人情報やデータのほとんどがインターネット上に存在しています。そのため、サイバー攻撃による情報流出のリスクが格段に高まっているのです。個人情報保護委員会の発表によると、個人情報漏洩事案に関する報告の件数は年々増加傾向にあり、2022年度には過去最多の4000件を超えました（※）。この事案の多くは、サイバー攻撃によるものだと考えられています。

※　個人情報保護委員会『令和4年度　年次報告の概要について』（https://www.ppc.go.jp/files/pdf/050609_annual_report_gaiyou.pdf）

企業がDX化を推進するためには、セキュリティ対策を同時に強化していく必要があります。DX化によって生産性を高め、価格競争力を高めることは重要ですが、セキュリティリスクを軽視してはいけません。DX化とセキュリティ対策を両輪で進めることで、企業は持続的な成長を実現できるでしょう。例えば、クラウドサービスを利用する際には、データの暗号化や二要素認証の導入など、セキュリティ対策を徹底することが求められます。また、テレワークを導入する際には、VPNの利用やデバイスの管理など、セキュアな環境を整備する必要があります。

つまり、セキュリティ対策はＤＸ化の阻害要因ではなく、むしろＤＸ化を成功に導くための重要な要素なのです。経営者は、ＤＸ化とセキュリティ対策の両立の重要性を認識し、適切な投資を行っていく必要があります。そうすることで、企業は売上や利益の増大を実現しつつ、安全安心なデジタル環境を構築していくことができます。

ＤＸ化の波は今後ますます加速していくことが予想されます。企業がこの波に乗り遅れることなく、セキュリティリスクにも適切に対処しながら、デジタル化を推進していくことが求められています。経営者には、ＤＸ化とセキュリティ対策のバランスを取りながら、企業の成長を牽引していくリーダーシップが期待されているのです。

そのためには、セキュリティ対策を企業の経営戦略に組み込むことが重要です。セキュリティ対策を単なるコストではなく、事業の成長を支える投資と捉える必要があります。また、セキュリティ対策は一部の部署だけの問題ではありません。経営層から現場の従業員まで、全社的な取り組みとして推進していく必要があります。

セキュリティポリシーの策定と周知徹底、セキュリティ教育の実施、セキュリティ監査の定期的な実施、インシデント対応体制の整備、最新のセキュリティ技術の導入などの取り組みを通じて、企業はセキュリティリスクを最小化しつつ、ＤＸ化を推進していくことができるでしょう。

また、セキュリティ対策は企業の社会的責任でもあります。個人情報を預かる企業には、それを保護する義務があります。セキュリティ対策を怠り、個人情報が流出した場合、企業は法的責任を問われるだけでなく、社会的信用を大きく失うことになります。これは、企業の存続にも関わる重大な問題です。近年では適切なセキュリティ対策を怠ったとして経営陣が株主から訴訟を起こされるケースも増えてきています。

したがって、企業はセキュリティ対策を経営上の重要課題と位置付け、積極的に取り組んでいく必要があります。そうすることで、企業は社会からの信頼を獲得し、持続的な成長を実現していくことができるのです。

ＤＸ化時代において、セキュリティ対策は企業の成長を左右する重要な要素となっています。経営者は、この認識を持って、セキュリティ対策とＤＸ化を両立させる方策を打ち出していくことが求められます。そのためには、セキュリティ専門家との連携や、先進技術の活用など、様々な取り組みが必要となるでしょう。ＤＸ化の波を乗りこなし、セキュアなデジタル社会を実現していくことが、これからの企業に求められているのです。

医療、防衛、インフラへのサイバー攻撃、国家の脅威に

国内外の情勢が不安定さを増す中、国や企業のデータの重要性が非常に高まっています。特に医療分野では人命に直結し、防衛関連では軍事情報の流出が致命的な問題となります。また、インフラ関連企業の情報が漏れれば、電力や通信、水道などのライフラインを停止させることができ、これは戦争の引き金を引く第一歩にもなりかねません。実際、ミサイルを撃たなくても、電力を止めたり水の供給を断ったりすることで、人々の生活を脅かすことが可能なのです。

こうした状況を踏まえ、国は急ピッチでセキュリティ規制や罰則規定を改定しています。特に経済産業省や防衛省が中心となり、民間企業に対する規制は情報処理推進機構（IPA）[*32]などが担っています。国の重要インフラ業種にサイバー防御の強化が義務付けられ、電力、医療、通信、航空などの分野では、罰則はまだありませんが、防御の義務化が進んでいます。また、大手企業も取引先に対してセキュリティ強化の要求を行っており、この動きは今後ますます強まっていくでしょう。

＊32　IPA（Information technology Promotion Agency, Japan）＝情報処理推進機構。経済産業省のIT政策実施機関。

例えば、２０２２年5月に施行された「産業競争力強化法等の一部を改正する等の法律」では、特定重要業種に対してサイバーセキュリティ対策の実施が義務付けられました。この法律では、電力、ガス、航空、鉄道、医療など14の業種が特定重要業種に指定され、セキュリティ対策の実施状況を国に報告することが求められています。報告内容には、セキュリティポリシーの策定状況や、インシデント対応体制の整備状況などが含まれます。この法律に違反した場合、企業名の公表や罰金などの罰則が科せられる可能性があります。

また、２０２２年5月には、経済安全保障推進法が成立しました。この法律は、安全保障上重要な物資や技術の流出を防ぐことを目的としており、特定重要物資等の管理や、特定重要技術の開発支援などが盛り込まれています。この法律に基づき、政府は安全保障上重要な物資や技術を指定し、その管理を強化していくことになります。企業には、これらの物資や技術を適切に管理することが求められ、違反した場合には罰則が科せられる可能性があります。

一方で、官公庁、地方自治体、医療機関などでは、これまで閉域網（クローズド・ネットワーク）を使用していたため、セキュリティ強化の必要性を感じていませんでした。しかし、メンテナンスコストや運用コストの増大から、インターネットへの接続を余儀なくされるケースが増えています。特に少子化が進む中、医療機器メーカーなどはコスト増大と人手不足に悩まされており、インターネットに接続することを前提とした遠隔メンテナンスへの移行が避けられない状況です。

例えば、2020年に発生した東京都の水道設備の遠隔操作事案では、水道設備の運転管理を委託していた企業のシステムがハッキングされ、水道設備の運転データが改ざんされるという事件が起きました。この事件では、幸いにも大きな被害は発生しませんでしたが、水道というライフラインがサイバー攻撃の対象になり得ることが明らかになりました。

また、2021年には、全国の自治体の情報システムに対する大規模なサイバー攻撃が発生しました。この攻撃では、自治体の情報システムに不正アクセスが行われ、住民の個人情報が流出するなどの被害が発生しました。この事件を受けて、総務省は自治体に対してセキュリティ対策の強化を求める通知を発出するなど、政府を挙げてサイバー攻撃への対策が進められています。

このように、閉域網だからセキュリティは大丈夫という考え方は、もはや通用しなくなってきています。むしろ、閉域網を長年使用してきた組織ほど、安全なネットワーク構築の方法がわからないという問題を抱えています。したがって、これからは、いかに安全にネットワークを構築し、セキュリティ対策とメンテナンスコストや運用コストとのバランスを保つことが非常に重要になってくるでしょう。時代の変化に合わせて、柔軟に対応していく必要があります。

課題と予算に合わせた最適なセキュリティ対策

セキュリティ対策にどのくらいの予算を割り当てるべきかという問題は、多くの企業が頭を悩ませる課題です。一般的には、ＩＴ投資の15％程度をセキュリティ対策費用として計上するのが適切だといわれています。ＩＴ投資は通常、売上高の３％前後が目安とされているため、売上高の０・４５％くらいがセキュリティ対策の費用として適正だと考えられます。

しかし、この数値はあくまでも平均的な目安であり、実際には企業の規模や業種、扱う情報の種類によって、必要なセキュリティ対策の内容や規模は大きく異なります。例えば、大企業と中小企業では、ＩＴ投資の規模や内容が異なるため、セキュリティ対策に割り当てられる予算も変わってきます。また、金融機関や医療機関など、特に機密性の高い情報を扱う業種では、より高度なセキュリティ対策が求められるため、セキュリティ対策費用の割合も高くなる傾向があります。

ただし、これはあくまでも目安であり、正解はありません。企業が扱う個人情報の量や業界によっても、必要なセキュリティ対策は大きく異なります。例えば、インフラに直結している企業や、グローバルに事業を展開している企業、ＥＣサイトなどで大量の個人情報を扱っている企業では、より高度なセキュリティ対策が求められます。また、主力製品にセキュリティ上の脆弱性があれば、会社の存続にも関わる重大な問題になりかねません。

特に、個人情報を大量に扱う企業では、個人情報保護法の改正により、セキュリティ対策の重要性がさらに高まっています。改正個人情報保護法では、個人情報の漏洩等の事故が発生した場合、個人情報保護委員会への報告が義務付けられており、報告を怠った場合には罰則が科されます。また、個人情報の不適切な取り扱いによって被害が発生した場合、企業は損害賠償請求を受ける可能性もあります。このような法的リスクを考慮すると、個人情報を扱う企業では、セキュリティ対策により多くの予算を割り当てる必要があるでしょう。

さらに、個人情報を扱う企業は、個人情報保護法による報告義務や罰則規定の対象となります。最大で1億円の罰金が科せられる可能性もあるため、これらの点も考慮に入れる必要があります。加えて、セキュリティ事故が発生した場合、企業の信用失墜や株価の下落など、金銭的な損失以外の影響も甚大です。平均的な目安を参考にしつつも、自社の事業特性やリスクを十分に分析し、適切な予算配分を行うことが求められます。

また、セキュリティ対策の予算を検討する際には、対策の効果を定量的に評価することも重要です。セキュリティ対策の効果を可視化することで、投資対効果を明確にし、経営層の理解を得ることができます。例えば、セキュリティ対策を導入する前後で、インシデントの発生件数や対応に要した時間を比較するといった方法があります。また、セキュリティ対策の導入によって、業務の効率化や生産性の向上が期待できる場合もあります。このような効果を定量的に示すことで、セキュリティ対策の必要性を説得力を持って訴えることができるでしょう。

セキュリティ対策に投資できる金額には限りがありますが、かといって対策を怠れば大きなリスクを抱えることになります。そのため、自社の事業内容や扱う情報の性質を十分に理解した上で、適切な予算配分を行うことが重要です。セキュリティ対策は青天井になりがちですが、本質的な対策に集中することが肝要です。

例えば、ネットワークの分離やアクセス制御の強化、重要データの暗号化など、基本的なセキュリティ対策は必須です。これらの対策は、比較的低コストで実施できますが、セキュリティ上の効果は大きいといえます。一方で、高度な脅威検知システムや専門家の常駐など、高コストな対策については、自社のリスクとの兼ね合いを考えて、慎重に検討する必要があります。

また、セキュリティ対策は一度実施すれば終わりではなく、継続的な取り組みが必要です。新たな脅威の出現や、システムの変更など、状況の変化に応じて、対策を見直し、改善していく必要があります。そのためには、セキュリティ対策の予算を単年度ではなく、中長期的な視点で捉えることが重要です。

さらに、セキュリティ対策には、技術的な対策だけでなく、人的な対策も欠かせません。従業員のセキュリティ意識を高め、適切な行動を促すための教育や啓発活動にも、一定の予算を割り当てる必要があります。セキュリティ事故の多くは、人的な要因に起因するといわれています。技術的な対策と人的な対策を組み合わせることで、より効果的なセキュリティ対策が実現できるでしょう。

弊社のコンサルティングサービスでは、お客様の抱える課題やご予算に合わせて、最適なセキュリティ対策をご提案しています。セキュリティ対策に関するお悩みがありましたら、ぜひご相談ください。それぞれの企業に適した形で、効果的なセキュリティ対策を実現するためのサポートを提供いたします。

また、弊社ではセキュリティ対策の現状を診断するサービスも提供しています。専門のコンサルタントが、お客様の情報資産や業務プロセスを分析し、セキュリティ上の課題や改善点を洗い出します。この診断結果を基に、優先順位を付けて、段階的にセキュリティ対策を実施していくことをおすすめしています。

セキュリティ対策は、企業経営において避けては通れない課題です。適切な予算配分と、専門家の知見を活用することで、効果的かつ効率的なセキュリティ対策を実現することができるでしょう。弊社では、お客様のセキュリティ対策の成功をサポートすべく、様々なサービスを提供しています。ぜひ、弊社のサービスをご活用いただき、安心安全なＩＴ環境の構築にお役立てください。

サイバーセキュリティ対策は企業間取引の重要な判断材料に

事業成長を加速させるセキュリティ投資の重要性が、近年ますます高まっています。企業間の取引においては、サイバーセキュリティ対策の実施状況が重要な判断材料となりつつあります。適切なセキュリティ対策を講じている企業は、取引先からの信頼を得ることができ、取引金額の増加にも繋がります。実際、セキュリティ対策に積極的な企業は、そうでない企業に比べて、売上高成長率が2倍以上高いという調査結果もあります（弊社調べ）。

一方、ＳａａＳなどのクラウドサービスを選定する際にも、クラウドサービス事業者のセキュリティ対策は大きな選定基準となっています。企業の重要なデータをクラウドサービスに預ける以上、データ漏洩のリスクは経営上の重大な脅威です。また、業務に欠かせないシステムがサイバー攻撃によって停止してしまえば、業務継続が困難になります。会計システムが停止すれば決算発表ができず、営業管理システムが停止すれば営業活動に支障をきたし、製造システムが停止すれば商品の生産ができなくなります。したがって、クラウドサービスのセキュリティ対策状況、事業継続体制、バックアップ体制、障害発生後の機能維持がどのようになっているのかという冗長構成などを確認することが重要です。

特に、クラウドサービスの場合、自社で管理していないインフラを利用するため、セキュリティ面での不安を感じる企業も多いのではありませんか？　しかし、大手のクラウドサービス事業者は、高度なセキュリティ対策を講じており、自社で対策を行うよりも安全性が高いケースも少なくありません。例えば、Ａｍａｚｏｎウェブサービス（ＡＷＳ）[*33]では、物理的なセキュリティ、ネットワークセキュリティ、データの暗号化、アクセス管理など、多層的なセキュリティ対策が実施されています。また、ＡＷＳはセキュリティ関連の認証も数多く取得しており、その安全性は国際的に認められています。

ただし、クラウドサービスを利用する際は、適切な設定と運用が必要不可欠です。例えば、アクセス権の管理を怠ると、不正アクセスを招く恐れがあります。また、データの暗号化やバックアップの設定を適切に行わないと、データ漏洩や消失のリスクが高まります。したがって、クラウドサービスを利用する企業は、自社の責任において、適切なセキュリティ対策を講じる必要があります。

セキュリティ対策に積極的に投資している企業は、この点を差別化要因として活用し、売上や利益の増加、付加価値の向上に繋げることができます。今後、セキュリティ対策の重要性を理解し、適切に対応する企業が選ばれる時代になるでしょう。実際、セキュリティ対策に関す

＊33　ＡＷＳ（Amazon Web Services）＝アマゾンが提供するクラウドサービスの総称。

る情報開示を求める投資家も増えてきています。企業のセキュリティ対策状況が、投資判断の重要な基準の一つになりつつあるのです。

国際的なセキュリティ規格としては、欧州のＧＤＰＲ[*34]（一般データ保護規則）が有名です。ＥＵでビジネスを展開するには、ＧＤＰＲを遵守する必要があり、そのためにはセキュリティ投資が不可欠です。また、最近ではアメリカでＴｉｋＴｏｋが禁止された事例もあるように、セキュリティ上の問題がアプリケーションやサービスの普及を阻害する可能性もあります。

ＧＤＰＲは、ＥＵ域内の個人データを取り扱う全ての企業に適用される規則です。違反した場合、高額な制裁金が課せられる可能性があります。具体的には、全世界年間売上高の４％または２０００万ユーロ〔約35億円（２０２４年7月2日現在）〕のいずれか高い方が上限となっています。この金額は、日本企業にとっても非常に大きな負担となるでしょう。

また、ＧＤＰＲは、個人データの取り扱いに関する厳格な規定を設けています。例えば、個人データの収集には本人の同意が必要であり、データ主体の権利（アクセス権、削除権など）を保障しなければなりません。また、データ漏洩が発生した場合、72時間以内に監督機関に報告する義務があります。これらの規定を遵守するためには、セキュリティ対策の強化が不可欠です。

一方、アメリカでは、ＴｉｋＴｏｋに代表されるように、中国企業が関与するアプリケーションやサービスに対する懸念が高まっています。アメリカ政府は、中国企業が中国政府の影響下にあり、ユーザーデータが中国政府に提供される可能性を指摘しています。実際、ＴｉｋＴｏｋは、アメリカ国内での使用が禁止される可能性が取り沙汰されています。このように、セキュリティ上の問題が、サービスの普及を阻害するケースも出てきているのです。

セキュリティ対策は、リスク低減だけでなく、事業成長の観点からも重要な投資です。他社との差別化要因として活用することで、事業の発展に繋げていただければと思います。

＊34　ＧＤＰＲ（General Data Protection Regulation）＝ＥＵ一般データ保護規則。個人データ保護やその取り扱いについて定められたＥＵ域内の各国に適用される法令。

ゼロトラスト・セキュリティという考え方

ゼロトラスト・セキュリティとは

ゼロトラスト・セキュリティとは、従来の境界型セキュリティモデルとは異なるアプローチで、ネットワーク内外を問わず、ネットワーク以外も含めて常に検証することですべてを信頼できる状態にするという新しいセキュリティ概念です。従来のセキュリティモデルでは、ネットワークの内側は安全で信頼できるものと見なしていましたので、外部からの脅威を防ぐために境界線上にファイアウォールなどを設置していましたよね。

しかし、2008年頃からATP攻撃という手法が流行り始め、これによりネットワークを超えたアプリケーション層への攻撃が可能になりました。例えばメールやブラウザなどを介した攻撃です。ここからネットワーク上で多層防御（SASE等）をすることでどこかで攻撃が止まれば良い、ネットワークではなくて各デバイスなどのエンドポイントセキュリティ（MDMやEDR等）を充実させる流れとなり、ゼロトラストセキュリティに繋がっていくこととなります。また、併せてクラウドコンピューティングやモバイルデバイス、リモートワークの普及により、ネットワークの境界線が曖昧になり、内部ネットワークへの不正アクセスが増加してきました。

この状況に対応するために、ゼロトラスト・セキュリティモデルでは、ネットワークの場所に関係なく、全てのユーザーやデバイスを潜在的な脅威と見なすのです。つまり、認証と承認のプロセスを常に要求し、アクセス制御を細かく設定することで、セキュリティリスクを最小限に抑えることを目指します。

具体的には多要素認証を行います。ユーザーは、パスワードに加えて、指紋や顔認証などの生体認証、ワンタイムパスワード（OTP）などを使用して、本人であることを証明する必要が出てきます。また、最小権限の原則に基づき、ユーザーやデバイスには、業務に必要な最小限のアクセス権限のみを付与します。これによって、不正アクセスによる被害を最小限に抑えることができるのです。

また、ゼロトラスト・セキュリティでは、ネットワークを次のように二つの部分に分けて管理します。

・コントロールプレーン：管理者がアクセス制御と認証を行う部分

・データプレーン：ユーザーがアクセスするデータがある部分

従来のネットワークでは、ユーザーがどのネットワークを経由するかによって、データへのアクセス権限が変わっていました。しかし、ゼロトラストではコントロールプレーンとデータプレーンが分離されているため、ユーザーは必ず認証を通過しなければデータにアクセスできません。

つまり、ゼロトラストではネットワークを経由するだけではアクセス権が与えられず、ユーザーは常に適切な認証が必要となります。これにより、データのセキュリティが強化されます。

さらに、ネットワークセグメンテーションを導入して、ネットワークを小さなセグメントに分割し、セグメント間の通信を制限することで、侵入者の横の移動を防ぎます。

もちろん、継続的な監視とリスク評価も欠かせません。ユーザーやデバイスの行動を常に監視してリスクを評価します。そして異常な動作が検知された場合は、即座にアクセス権限を制限するなどの措置を講じます。データの暗号化も徹底し、万が一データが流出した場合でも、内容が保護されることも重要です。

ゼロトラスト・セキュリティを導入するには、既存のシステムやプロセスの見直しが必要になりますので、多くの企業にとって課題となっています。しかし、サイバー攻撃が高度化・巧妙化する中、従来のセキュリティモデルでは対応が困難になりつつあります。ですからゼロトラスト・セキュリティへの移行は、企業のセキュリティ戦略における重要な一歩となるのです。導入する場合は、自社のビジネス特性やリスク評価に基づいて、適切なソリューションを選択し、段階的に実装していくことがポイントです。

サイバー攻撃への脅威が増大する中、ゼロトラスト・セキュリティは、企業が取り組むべき新たなセキュリティパラダイムとして注目されています。信頼ではなく、常に検証と適応を求めるこのアプローチは、これからのセキュリティの基盤となるでしょう。

ゼロトラスト・セキュリティが重要視されるようになってきた背景とは

ゼロトラスト・セキュリティが重要視されるようになってきた背景には、従来のセキュリティモデルでは対応が困難になってきた、サイバー脅威の多様化と増大があるのです。

まず、クラウドコンピューティングやモバイルデバイスの普及により、企業のＩＴ環境が大きく変化しました。特にコロナ禍によって従業員がオフィス外でも仕事ができることへの要望が増え、リモートワークが一般的になりました。また、クラウドサービスの利用が拡大し、企業のデータやアプリケーションが社外のサーバーに保存されるようになりました。

このようなビジネス環境の変化から、従来の境界型セキュリティモデルでは、ネットワークの内外を明確に区別することが難しくなり、セキュリティ対策の効果が限定的になってきたのです。

さらに、ＩｏＴデバイスの増加も、セキュリティ上の課題を増大させています。スマートフォンやタブレット、センサーなど、多種多様なデバイスがインターネットに接続されるようになりましたから、社内ネットワーク内には存在しないこれらのデバイスを通じた攻撃の可能性が高まってきました。従来の境界型セキュリティモデルでは、これらのデバイスを個別に管理・保護することが困難になってきてしまい、新たなアプローチが求められるようになったのです。

一方で、サイバー攻撃の手口も高度化・巧妙化してきました。標的型攻撃やランサムウエアなど、セキュリティの隙のある企業や組織を狙った攻撃が増加しており、しかも従来のセキュリティ対策では防ぎきれないケースが増えています。また、サプライチェーン攻撃のように、セキュリティの弱い取引先や関連会社を経由した攻撃も増加傾向にあり、企業は自社だけでなく、ビジネスパートナーのセキュリティ対策にも注意を払う必要が出てきました。

こうした中で、ゼロトラスト・セキュリティモデルが注目を集めるようになったのです。

ゼロトラスト・セキュリティは、ネットワーク内外を問わず、ネットワーク以外も含めて常に検証することですべてを信頼できる状態にするというアプローチです。これにより、前述したようなビジネス環境においても、一貫したセキュリティ対策を実現することができます。

また、ゼロトラスト・セキュリティは、アクセス制御を細かく設定できるため、従業員や取引先に対して、業務に必要な最小限のアクセス権限のみを付与することができるのです。これにより、情報漏洩や不正アクセスのリスクを最小限に抑えることが可能になります。

しかもゼロトラスト・セキュリティは、継続的な監視とリスク評価を重視します。ユーザーやデバイスの行動を常に監視し、異常な動作が検知された場合には、即座にアクセス権限を制限するなどの措置を講じるのです。このことでサイバー攻撃の早期発見と被害の最小化が期待できるのです。

ゼロトラスト・セキュリティとＤＸの関係性

ゼロトラスト・セキュリティとＤＸは、一見すると異なる概念のように思えますが、実際には密接に関連しているのです。ＤＸは、デジタル技術を活用して、ビジネスモデルやプロセス、企業文化を変革することを指しますよね。この変革の過程で、セキュリティの確保は不可欠な要素となります。なぜなら、デジタル化の進展に伴い、サイバー攻撃のリスクが高まるためです。

従来のセキュリティモデルでは、ネットワークの境界線を中心に防御策を講じていました。しかし、クラウドサービスやモバイルデバイスの普及により、ネットワークの境界線が曖昧になり、この方式では十分な保護が難しくなっていることは既にお話ししたとおりです。また、リモートワークの拡大により、社外からのアクセスが増加し、内部のリスクも高まっています。

こうした状況下で、DXを成功に導くためには、セキュリティ対策の刷新が不可欠です。そこで注目されているのが、ゼロトラスト・セキュリティなのです。ゼロトラスト・セキュリティは、ネットワークの内外を問わず、すべてのユーザーやデバイスを信頼せず、常に認証と承認を要求するアプローチですから、クラウドやモバイルデバイスの利用が進むDXの時代においても、一貫したセキュリティ対策を実現することができます。

また、ゼロトラスト・セキュリティは、DXを支えるいくつかの技術とも親和性が高いのです。例えば、AIやビッグデータ解析は、ユーザーやデバイスの行動を常に監視し、異常を検知するために活用できます。また、ブロックチェーン技術は、データの改ざんを防止し、トランザクションの透明性を確保するために利用できます。これらの技術とゼロトラスト・セキュリティを組み合わせることで、ＤＸの時代にふさわしい、高度で柔軟なセキュリティ対策が実現できるでしょう。

さらに、ゼロトラスト・セキュリティは、ＤＸの目的の一つである、ビジネスの俊敏性の向上にも貢献します。従来のセキュリティモデルでは、新しいサービスやアプリケーションの導入に時間がかかることがありました。しかし、ゼロトラスト・セキュリティでは、アクセス制御を細かく設定できるため、新しいサービスを素早く、かつ安全に導入することができるのです。これにより、企業はビジネスチャンスを逃すことなく、競争力を維持・強化できるようになります。

以上のように、ＤＸとゼロトラスト・セキュリティは、決して対立する概念ではありません。むしろ、互いに補完し合う関係にあるといえます。企業がこの関係性を理解し、両方を融合させる取り組みを進めることで、デジタル時代を勝ち抜くための礎を築いていけるはずです。

ゼロトラスト・セキュリティの始め方

「ゼロトラスト・セキュリティって何から始めたらいいの？　莫大なコストがかかるんじゃないの？」

こうした疑問を抱えている企業は多いのではないでしょうか。ゼロトラスト・セキュリティは、従来のセキュリティモデルとは大きく異なるアプローチですから、確かに導入には一定の労力とコストが必要です。しかし、サイバー攻撃の脅威が多様化して増大する中、ゼロトラスト・セキュリティへの移行は、企業にとって避けては通れない道のりといえます。

ゼロトラスト・セキュリティの導入を検討する際、まずは自社のビジネス特性やリスク評価を行うことが重要です。自社にとって、最も重要な情報資産は何か、どのようなサイバー攻撃のリスクが高いのかを見極めます。その上で、ゼロトラスト・セキュリティの導入計画を策定するのです。全社的な導入を一気に行うのではなく、段階的なアプローチを取ることが賢明です。

そこで、まずは最も重要なシステムやデータから、ゼロトラスト・セキュリティを適用していきます。例えば、機密情報を扱う基幹システムや、外部からのアクセスが多いＷｅｂサービスなどが候補となるでしょう。これらのシステムに対して、多要素認証や最小権限の原則に基づくアクセス制御、暗号化などの対策を講じてはいかがでしょうか。

次に、ネットワークのセグメンテーションを進めます。ネットワークを小さなセグメントに分割し、セグメント間の通信を制限することで、侵入者の横移動を防ぐのです。また、弊社が得意とするエンドポイントセキュリティの強化も重要です。すべてのデバイスに対して、ＥＤ

Rの導入や、ＯＳやアプリケーションの最新化を徹底します。

ゼロトラスト・セキュリティの導入には、確かに一定のコストがかかります。多要素認証システムの導入やネットワーク機器の更新、セキュリティソフトの購入など、初期投資が必要となるケースが多いからです。

実際、すでに本書でもお話ししましたとおり、サイバー攻撃による被害額は年々増加しており、企業にとって大きな脅威となっています。情報漏洩による損害賠償や、システム停止による機会損失など、被害の規模は甚大です。こうした事態を防ぐためには、セキュリティ対策に投資することが不可欠です。ゼロトラスト・セキュリティへの移行は、長期的な視点に立てば、企業の競争力を維持し、顧客からの信頼を獲得するために必要なコストといえるでしょう。

ただし、ゼロトラスト・セキュリティの導入コストを抑える方法もあります。それはクラウドサービスの活用です。セキュリティ機能を備えたクラウドサービスを利用することで、自社でシステムを構築・運用するよりも、コストを抑えることができます。また、クラウドサービスは、常に最新のセキュリティ対策が施されているため、自社での管理負担を軽減できるというメリットもあります。

ゼロトラスト・セキュリティを導入すると利便性が犠牲になるとよく言われています。ただ、本来のゼロトラストセキュリティはセキュリティを担保した上でユーザー体験の向上や生産性の向上を目指した結果生まれたものであり、従業員と経営者の両方の利害が一致する概念なのです。

従業員からすると、クラウドサービスの利用を前提にし、時間や場所やデバイスの制約を撤廃することで多様な働き方が可能になります。また、昨今では非常に多くのＳａａＳ製品が企業でも使われています。この複数のシステムにログインする際にＩＤ・パスワードを個別に管理せず、すべてのシステムへのシングルサインオンが可能になります。

一方で経営層からすると上記によって生産性の向上や優秀な人材の確保に繋がりますし、同時にセキュリティの向上も実現できます。リモートワークが増加する中、従業員がどこからでも安全にシステムにアクセスできるようになれば、生産性の向上が期待できるからです。出張先やテレワーク中でも、オフィスと同じように仕事ができるようになります。こうした業務の効率化は、人件費の削減や、ビジネスチャンスの拡大に繋がります。

セキュリティの向上とコストは相反するものではない

「セキュリティの向上とコストは相反するものではないんですよ。むしろゼロトラストにより不要なツールやハードの費用が削減できる可能性があり、ＩＴ費用全体で見ると削減できるケースも多いです」

このようなお話をすると意外に感じる方もいるかもしれません。セキュリティ対策には多額の投資が必要で、コスト削減とは相容れないイメージがあるからですね。しかし、ゼロトラスト・セキュリティを導入することで、セキュリティの強化とコスト最適化を両立できる可能性があるのです。

従来のセキュリティモデルでは、ネットワークの境界線を中心に防御策を講じていました。この方式では、ファイアウォールや侵入検知システム（ＩＤＳ）[*35]など、多数のセキュリティツールが必要でした。また、社内ネットワークを守るために、高性能なハードウエアが求められます。こうしたツールやハードウエアは、初期導入コストが高いだけでなく、運用・保守のためのコストも継続的に発生します。

一方、ゼロトラスト・セキュリティは、ネットワークの場所に関係なく、すべてのユーザーやデバイスを常に検証します。この方式では、ネットワークの境界線を前提としないため、従来のセキュリティツールの一部が不要になる可能性があります。例えば、社内ネットワークを一つの信頼できるゾーンとして扱う必要がなくなるため、内部ネットワーク用のファイア

＊35　ＩＤＳ（Intrusion Detection System）＝侵入検知システム。主に、ネットワークやサーバーを監視し、不正なアクセスを検知する役割を担う。

ウォールが不要になるかもしれません。

また、ゼロトラスト・セキュリティでは、クラウドサービスの活用が促進されます。セキュリティ機能を備えたクラウドサービスを利用することで、自社でセキュリティ システムを構築・運用するよりも、コストを抑えることができます。クラウドサービスは、規模の経済を働かせることで、高度なセキュリティ機能を低コストで提供してくれています。さらに、クラウドサービスは、常に最新のセキュリティ対策が施されているため、自社での管理負担を軽減できるというメリットもあります。

大切なのは、自社のビジネス特性やリスク評価に基づいて、最適なゼロトラスト・セキュリティの導入計画を策定することです。全社的な導入を一気に行うのではなく、段階的なアプローチをとることが賢明です。まずは、最も重要なシステムやデータから、ゼロトラスト・セキュリティを適用していきます。そして、コスト対効果を検証しながら、徐々に適用範囲を拡大していくことが望ましいでしょう。

あとがき

本書を手に取っていただき、ありがとうございます。私（小林）は長年、企業のＩＴ環境の最適化、セキュリティ対策に携わってきましたが、経営者の方々にセキュリティの重要性を理解していただくことの難しさを痛感してきました。そんな中、本書を執筆する機会をいただき、自分なりにセキュリティと経営の関係性について整理し、皆さまにお伝えできる場を設けることができました。

本書では、セキュリティ対策を経営戦略の一部として捉えることの重要性を訴えています。ＤＸ時代においては、セキュリティ対策は単なるコストではなく、事業成長に繋がる投資として考えるべきです。サイバー攻撃による被害は年々増加しており、企業の信頼を失墜させかねません。一方で、適切なセキュリティ対策を行うことで、顧客からの信頼を得ることができ、ひいては事業成長に繋がります。

経営者の皆さまには、セキュリティ対策を他人事ではなく、自社の経営に直結する問題として捉えていただきたいと思います。情報システム部門からの提案に耳を傾け、適切な投資を行うことが重要です。本書が、経営者の方々にセキュリティの重要性を理解していただくきっかけになれば幸いです。

また、情報システム部門の皆さまには、本書の内容を参考にしていただき、自社のセキュリティレベルを向上させていただきたいと思います。経営層を説得し、セキュリティ投資を行うことは容易ではありませんが、本書の内容が経営者の方々に響くものであれば、ぜひ活用していただければと思います。セキュリティ対策は情報システム部門だけの責務ではなく、企業全体で取り組むべき課題です。

最後になりましたが、本書の執筆に当たり、多くの方々にご協力いただきました。

特に、堀江貴文さんには、本書執筆のアイデアときっかけを作っていただき、また、執筆にもご協力いただき、そのための対談にも快く応じていただきました。ビジネスの先端を走り続けている堀江さんの視点から、セキュリティ対策の重要性についてお話しいただき、本書の内容を深めることができました。この場を借りて、改めて御礼申し上げます。

本書が、読者の皆さまのセキュリティ対策の一助となれば幸いです。DX時代において、セキュリティ対策は企業経営に欠かせないものとなっています。

日本の名目GDPが4位に転落するという状況の中で、日本企業にはもう一度グローバル市場に打って出て巻き返してもらいたい。そして、その際には私たちが全面的にセキュリティのサポートをしていきたいと考えています。私たちが〝守り〟を固めることで、ビジネスのさらなる展開を進める企業の方々が事業戦略に注力し、果敢に〝攻め〟てもらえればと思っています。

本書を通じて、一人でも多くの方にセキュリティの重要性を理解していただけることを願っております。

株式会社アクト　代表取締役　CEO　小林智彦

【著者】

堀江貴文（ほりえ・たかふみ）

1972年10月29日、福岡県生まれ。実業家。SNS media&consulting株式会社ファウンダー。
現在はロケット開発や、アプリのプロデュース、また予防医療普及協会として予防医療を啓蒙する等 様々な分野で活動する。
会員制オンラインサロン『堀江貴文イノベーション大学校（HIU）』では、700名近い会員とともに多彩なプロジェクトを展開している。
http://salon.horiemon.com
著書
『金を使うならカラダに使え。』『ＣｈａｔＧＰＴ ｖｓ． 未来のない仕事をする人たち』『2035 10年後のニッポン　ホリエモンの未来予測大全』など
その他詳細はhttps://zeroichi.media/
X アカウント @takapon_jp

小林智彦（こばやし・ともひこ）

1987年東京都生まれ。明治大学卒業後、新卒でソフトバンクテレコム株式会社へ入社、約3年間勤めた後、イギリス・ロンドンへ留学。帰国後、起業し、2021年から現在の株式会社アクト代表取締役社長へ就任。一般社団法人国際サイバーセキュリティ協会、発起人代表理事となり現在も理事を務めている。

どうしたらサイバー攻撃から企業を守れるのか
ホリエモンとエキスパートがセキュリティ対策の最前線に迫る

2024年11月5日　第1刷発行

著者 ――――― 堀江貴文　小林智彦
発行 ――――― ダイヤモンド・ビジネス企画
〒150-0002
東京都渋谷区渋谷1丁目6-10 渋谷Qビル3階
http://www.diamond-biz.co.jp/
電話 03-6743-0665（代表）

発売 ――――― ダイヤモンド社
〒150-8409　東京都渋谷区神宮前6-12-17
http://www.diamond.co.jp/
電話 03-5778-7240（販売）

編集制作 ――― 岡田晴彦
編集協力 ――― 地蔵重樹
装丁 ――――― いとうくにえ
DTP ――――― 齋藤恭弘
撮影 ――――― 中田悟
印刷・製本 ―― シナノパブリッシングプレス

ISBN 978-4-478-08509-7